小学主题课程实践探索与研究

徐　辉　编著

首都师范大学出版社

CAPITAL NORMAL UNIVERSITY PRESS

图书在版编目（CIP）数据

小学主题课程实践探索与研究/徐辉编著. —北京：
首都师范大学出版社，2022.10

ISBN 978-7-5656-7108-1

Ⅰ.①小… Ⅱ.①徐… Ⅲ.①课程—教学研究—小学

Ⅳ.①G622.3

中国版本图书馆 CIP 数据核字（2022）第 131022 号

小学主题课程实践探索与研究

徐　辉　编著

责任编辑　连景岩

首都师范大学出版社出版发行

地　　址　北京西三环北路 105 号

邮　　编　100048

电　　话　68418523（总编室）68982468（发行部）

网　　址　http：//cnupn.cnu.edu.cn

印　　刷　天津雅泽印刷有限公司

经　　销　全国新华书店

版　　次　2022 年 10 月第 1 版

印　　次　2022 年 10 月第 1 次印刷

开　　本　710mm×1000mm　1/16

印　　张　10.5

字　　数　161 千

定　　价　52.00 元

|目　录|

第一章　小学主题课程的开发背景和理论基础

基于新时代课程改革发展的要求,立足学生综合素质提升,本书从学校教育事实出发,从儿童视角和学科素养的角度,关注问题的解决,从学科的核心概念和原理出发,实现不同学科的融合学习,促进学生关键品质和关键能力的发展,使主题课程逐步转化为可操作的实践课程。自 2019 年开展主题课程建设以来,构建了基于"我与自己""我与社会""我与自然"及"我与文化"四大领域的主题课程体系,并展开不同程度的真实性学习。它在课程设计、项目实施上做了跨界学习的系统化融合,探索出了一套适合学生发展的课程资源和实施体系,呈现出了新的课程样态,为国家《课程方案》的落地提供了有效的实施路径和方法。

一、课程开发的背景分析

(一) 学校背景分析

1. 学校基本情况分析

亦庄镇第一中心小学 (以下简称"亦庄一小") 位于开发区 60 平方公里核心区的凉水河东侧,隶属于北京经济技术开发区,地理位置优越,是开发区建立最早的一所公办小学。学校占地面积 22 100 平方米,有教职工 95 人,包含特级教师 1 人、学科骨干教师 18 人,平均年龄 38 岁,他们敬业爱岗,有强烈的发展愿望,学生千余名。时至今日,历经 20 余载岁月洗礼,积淀深厚文化底蕴,是一所年轻而又成熟的优质学校。

2. 学校规划思路及目标

以"学生第一"为办学理念，开启亦庄一小教育"寻变"之旅：寻找优秀教育基因，基于现实问题，渐进式变革，逐步实现组织架构合理、课程丰富的教育生态，书写亦庄一小教育新篇章，朝着建设一所学生喜欢、教师幸福、受人尊敬的卓越学校而努力奋斗。

3. 学校行动愿景

在寻变行动中，基于问题寻找方向，提取亦庄一小优秀基因，寻找周边优质学校发展基因（借助十一学校课程经验），破解学校发展密码，构建"小而美，有质量有内涵"的亦庄一小发展模型。

学校使命：创造适合学生发展的教育。

办学目标：建一所学生喜欢、教师幸福、受人尊敬的卓越学校。

培养目标：培养有中国情怀、世界眼光的阳光少年。

发展定位：小而美，有质量，有内涵。

价值追求：让学生成为他自己。

学校气质：阳光普育，自由呼吸。

教育哲学：学生成长的事就是最大的事。

培育路径：以行导行，爱育未来。

教育遵循：发现、点亮、自主、探究。

（二）新时代人才需求对教育提出新的要求

今天的世界是一个怎样的世界？随着互联网的普及、5G 的推广、人工智能的飞速发展，以智能制造为主导的第四次工业革命扑面而来，全球经济进入"工业 4.0"时代。未来人工智能将和我们人类的生活工作密不可分，甚至高智能化机器人将会取代人类做某些工作，从而改变我们的生活，改变我们的世界。智能时代的到来，我们的教育将怎么面对？我们是否替今天校园里的学生想一下，10 年、20 年后，我们的学生将会怎样迎接新时代社会的挑战？我们真的做好准备了吗？约翰·杜威在 20 世纪初说过这样一句话："如果我们仍然以昨天的方式教育今天的孩子，无疑就是掠夺了他们的明天。"为了每个孩子的未来，为了为未来社会培养合格的建设者和接班人，如何做？社会发展需要人才，未来社会对高质量人才的需求，某种意义上就是对当下教育的要求，而人才的竞争离不开教育的竞争。教育的发展变革不应落后于工业的变革，而应早于工业及其他行业的变革。2022 年 3 月 25 日教育部印发《义务教育课程方案和课程标准（2022 年版）》，其中《义务教育课程方案（2022 年版）》指出："以习近平新时代中国特色社会主义思想为统领，基于核心素养发展要求，遴选重要观念、主题内容和基础知识，设计课程内容，增强内容和育人目标的联系，优化内容组织形式。设立跨学科主题学习活动，加强学科间相互关联，带动课程综合化实施，强化实践性要求。"可见，教育改革势在必行，课程改革迫在眉睫，这一切，刚刚好……

（三）传统课程设置面临严峻挑战

传统课程以学科单独设置为主，学科教学以单学科进行推进，分科过细，学科之间割裂，教学碎片化，这势必造成学科间欠关联，和小学阶段重在发展综合素养的教育目标不相吻合。《义务教育课程方案（2022 年版）》指出："加强课程内容与学生经验、社会生活的联系，强化学科内知识整合，统筹设计综合课程和跨学科主题学习。加强综合课程建设，完善综合课程科目设置，注重培养学生在真实情境中综合运用知识解决问题的能力。开展跨学科主题教学，强化课程协同育人功能。"倡导"做中学""用中学""创中学"，各门课程不少于 10％的课时设立跨学科主题学习，带动课程综合化实施。课程、课时、实施方式的变革，给予传统课程设置和学校课程的自主设计以严峻挑战，具有一定的现实意义。

（四）主题课程的延续变革及融合发展

1. 国外研究

主题课程在世界各国均有不同程度的发展，尤以美国的发展最具特色。在美国，源头可追溯到 1931 年芝加哥大学莫里逊倡导的"单元教学法"。20 世纪 60 年代，后现代思想开始影响课程领域，主张消除学科界限进行课程整合，为主题课程的发展提供了思想基础。20 世纪末期，美国教育家希尔斯倡导推行"核心知识课程"，主题课程逐渐成为其课程实施中的主要模式，实现了学术技能和学科内容知识的平衡。进入 21 世纪，主题课程的理念认可度逐渐提高，包括美国在内的欧美各国以及亚洲各国纷纷开始实践层面的新探索，出现了各种各样形式的主题课程，比如，法国开设"研究性学习"

课程、韩国的"现实生活""探究生活""快乐生活"课程、日本课程增设的"综合学习时间"课程等。总体而言，各国关于主题课程的研究无论是理论还是实践层面都取得了丰硕的成果。

2. 国内研究

我国最早研究主题课程的教育家陈鹤琴提出的"五指活动课程"，通过主题整合的形式，消除健康、社会、科学、艺术、语文五类活动的界限，将主题贯穿各类活动。20 世纪 90 年代随着国家课程结构的调整，主题课程的研究逐渐丰富起来，理论研究者和实践教育者开始从各个角度来探讨主题课程，如著作类：顾小清的《主题学习设计——信息技术与课程整合的实用模式》、王洪席的《新课程背景下主题式课程模式开发初探》以及窦桂梅的《"主题教学"的思考与实践》等。笔者对国内已有文献分析整理结果如下。

第一，从教育领域分布来看，主题课程的研究从学前教育到高等教育，从特殊教育到普通教育均有涉猎。但是因为学前教育对象的特殊性，学生生理、心理发展水平低，对知识的接受能力弱，所以吸引了很大一批研究者对学前教育阶段的主题课程展开了研究。具体来说，在学前教育领域，较多关注课程实施的特征、教师与幼儿的关系等；在初等教育领域，以一门主要课程为基础加之以另外一门或几门课程的内容或形式。第二，从课程类型分布来看，主题课程在综合实践活动课程和分科课程中均有体现，其中分科课程以学科内的主题课程为主，较少涉及跨学科整合。第三，从整体上来看，借鉴国外研究的基础，我国港台地区及内地（大陆）地区都进行了积极地尝试和探索，而且这种尝试和探索切入的视角是多元的，涉及的范围是跨地区的。可以说，主题课程在原有基础上获得了更大的成功，取得了更丰富的成果。

从综述中可以明晰，国内外关于主题课程的研究总体来说比较丰富，但是由于国外开展时间更早，研究的深度和广度要优于国内。我国的主题课程研究近几年有了明显的进步，但目前仍落后于世界先进水平，存在的问题主要表现为：首先，研究者对学前教育阶段主题课程的关注要远远高于小学教育或其他阶段，对于小学主题课程的研究还需要深入。其次，主题课程的研究多集中在实践操作问题，理论研究较为匮乏。实践层面多集中在学科内课程整合，学科限制性较强。除此之外，有一些农村地区主题课程的发展水平低，学校为整合而整合，造成知识浅化，课程内容缺乏逻辑上的关联，并不能为学生形成系统的知识体系。

建设适合孩子发展的课程，一直是推动我校发展的核心任务。自 2019 年下半年开始，我校就依据课标积极探索跨学科主题项目学习，并列入学校课程整体改革三年规划。我校主题课程的实践研究，不仅包括学科内某一类知识的整合主题，也包括学科间就某一社会现象、实际问题的融合主题。无论哪一种主题，均采用项目式学习。

2019 年 10 月，亦庄一小与香港青衣商会小学结对姊妹学校，展开全面的主题项目学习的研讨与学习；2020 年 12 月，亦庄一小与北师大继续教育学院签约，对课程建设及全校教师进行指导；与宁夏骨干校长、山东省新泰平阳小学校长、内蒙古骨干校长等进行课程建设研讨交流。

亦庄一小主题课程体系坚持大课程观，着眼学生综合素养的发展，建立了"主体课程（基础）"主题课程（拓展）"主选课程（特需）"三个层级课程。其中，主题课程从"我与自己""我与社会""我与自然""我与文化"四大课程领域进行内容的整合建设，形成主题课程群。这样横向打通学科界限，纵向贯通不同年级，进行学科融合、内容整合、深度学习，发展学生多元智能，发展核心素养，实现全面育人的目标。

主题课程体系图示

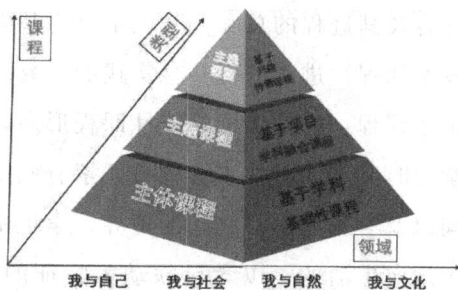

小学课程体系结构图

二、课程开发的理论基础

（一）核心概念界定

主题：来源于学生生活世界中真实的问题、事件或场景，完整的而非支离破碎的知识片段。它强调知识的完整性和系统性，倡导提出值得学生进行深度探究并且有能力去探究的问题。在主题课程的学习中，学科不再是课程的组织中心，它们被融入主题之中，学生作为研究者围绕某一项目或某一问题参与学习活动。

本课题中的主题是指围绕某一知识点、大概念、思想方法、社会现象等中心话题，辐射与其相关的其他知识、学科，对中心话题中蕴含的问题、现象、事件等进行探究，使学生获得系统的认识，培养学生解决问题、形成观点的能力。

课程：百度百科给出的解释是，课程指学校学生所应学习的学科总和及其进程与安排。课程是对教育的目标、教学内容、教学活动方式的规划和设计，是教学计划、教学大纲等诸多方面实施过程的总和。广义的课程是指学校为实现培养目标而选择的教育内容及其进程的总和，它包括学校老师所教授的各门学科和有目的、有计划的教育活动，以及学者对课程不同角度、取向与层次的研究。狭义的课程是指某一门学科。靳玉乐在其《课程论》中将国内外具有一定代表性的课程定义进行了归纳。他认为课程定义上的分歧是一种客观存在，课程是指学生通过学校教育获得的旨在促进其身心全面发展的教育性经验。因此，课程具有经验性、统整性、目的性、综合性的特点。

本课题中的课程是指广义的课程，是学校为实现培养目标而选择的主题教育内容及其进程的总和，是以本校为基础，设计和安排国家课程、地方课程和校本课程，进而进行整合实践的研究。

主题课程：改变传统的线性课程形态，以"主题"的方式，把课程、师生、学习时空、学习技术等核心元素有效地统合起来，其核心是打破学科内容之间以及学科与学科之间的边界，学生围绕来自真实世界的学习主题，进行基于现实生活的，以学科联动为特征的开放性学习。在主题课程的学习中，学生很自然地被放在学习的中心地位，学生主动学习、个性化学习成为可能。

本课题中的主题课程是指：依据《义务教育课程方案和课程标准（2022版）》的要求，学科内和学科间形成的内容整合、学科融合的主题课程，是对国家基础课程学习的有益补充和拓展。

项目学习（PBL）：PBL 是 Problem-Based Learning 的简称，一般译为基于问题的学习，也可译为问题本位学习。本报告中的项目学习重点基于现实生活的问题解决，基于学科核心概念和原理的有意义的探究活动。在整个项目执行中，学生通过一个周期的任务，借助现实生活中的各种工具主动探究、走访调查、研究问题、综合分析、形成结论，并通过制作作品成果实现知识意义的构建。整个项目学习的过程，学生是积极的问题解决者、决策者和价值的创造者，而教师则是指导者。借助项目学习开展主题课程学习，实施路径清晰明确，极大地促进了教师教学理念的转变和学生综合素质的全面提升。

（二）理论依据

建构主义认为，知识不是通过教师传授得到，而是学习者在一定的情境，即社会文化背景下，借助其他人（包括教师和学习伙伴）的帮助，利用必要的学习资料，通过意义建构的方式而获得。建构主义学习理论认为"情境""协作""会话"和"意义建构"是学习环境中的四大要素。他们认为基于主题的学习，实质上就是一种基于主题课程学习理论的探究性学习模式。

杜威的实用主义可称为新的"三中心论"。以经验为中心：他认为，"知识不是由读书或人解疑而得来的结论"，"一切知识来自于经验"；以儿童为中心：实用主义反对传统教育忽视儿童的兴趣、忽视儿童的需要的做法，主张教育应以儿童（或者说受教育者）为起点；以活动为中心：他提出，"学校主要是一种社会组织。教育既然是一种社会过程，学校便是社会生活的一种形式"，让学生从实践活动中求学问，即"做中学"。

美国著名教育家布鲁纳提出了发现学习理论。他认为，学生的认识过程与人类的认识过程有共同之处，教学过程就是教师引导学生发现的过程，"学习就是依靠发现"。基于项目的学习不是采用接受式的学习，而是采用发现式的学习。在学习的开端，学生就问题解决形成假设，提出解决该问题的方案，然后通过各种探究活动以及所收集来的资料对所提出的假设进行验证，最后形成自己解决问题的结论。

第二章 小学主题课程的实践应用探索

一、课程开发的实践过程

（一）课程开发

课程开发包括国家课程、地方课程和校本课程开发，本书所述课程开发指的是校本课程开发。它以国家课程方案和课程标准的精神为指导，结合学生的年龄特点及学校自身可利用的资源，强调以社会实际和社会需要的问题为核心，发展学生解决问题的能力。它由师生共同设计或与校外资源合作开展，旨在满足学生学习需求的课程开发活动，是一个持续改进的过程。

亦庄一小在课程开发过程中，密切学生与自然、社会、生活的联系，本着有效性、过程性原则，进行行动研究，建构课程运转的操作性模式和工具，促进学校、家庭、社会、教师、学生、家长形成一个相互融合、良性发展的教育共同体。

头脑风暴　课程开发

（二）课程设计

1. 设计目的

随着教育教学改革向纵深发展，学校课程建设呈现多种样态，有效地促进了教育的发展，但同时课程建设缺少整体规划。课程设计、课程实施、课程评价等方面还存在误区，教师课程的规划意识和实施能力还有待加强。基于我校的教育事实，我们从问题提出、形成假设、实践探索等方面推进课程开发：主体课程（基础性——学科课程）、主题课程（拓展性——学科融合课程）、主选课程（特需性——特长课程）。其中主题课程力求实现学科内知识之间的概括整合，学科间知识的联结拓展，是校本课程的重要组成部分，力求从思想、方法、学习工具等层面推进以学习者为中心的教与学方式的全面变革。

2. 实施思路

我校所述的主题课程，是以项目学习为主要方式进行实践探究，提炼主题学习通用"脚手架"，建构课程运转的操作性模式，满足学生的发展需求。

在课程建设过程中，遵循"核心价值观—育人目标—核心素养—课程目标—课程架构内容—课程实施—评价改进"七个步骤，固守课程改革的严肃性、客观性、科学性。

第一阶段：准备阶段，借鉴尝试。

查阅文献，成立课题组。进行现状调研，制定课题实施方案。召开课题论证会，听取专家和课题组教师对课题研究方案的意见。

第二阶段：初期阶段，固化吸收。

组建团队学习项目学习方式。以级部为单位，梳理、提炼本年级学科内、跨学科主题课程内容。定期开展专题研讨，交流探索学校主题课程规划方案可行性与实际意义，及时收集过程性材料，对课题研究进行阶段性总结，确定年级主题课程内容。

第三阶段：中期阶段，实践探索。

打破学科、年级限制，进行学科融合，开发跨年级学科主题课程，完善小学主题课程建设。定期开展专题研讨，及时收集过程性材料，完成中期总结。

第四阶段：完善体系，自主创新。

进一步对开发的主题课程进行研究，完善主题课程体系，最终开发出系列主题课程。收集整理课题过程性材料，撰写课题相关案例、论文等。

第五阶段：总结评价，深化推广。

进行课题后测，分析课题实践效果。对课题资料进行收集、整理，形成各种研究成果。对课题成果进行汇总，完成课题研究报告与结题报告。

3. 研究目标

（1）总体目标

融合多学科，实施主题项目学习，建立"我与自己""我与社会""我与自然""我与文化"四大领域主题课程运转的操作性模式。

（2）具体目标

第一，以主题的形式呈现学习。在教师的引领指导下，学生经历小组合作、调研分析、结果呈现等过程，"做中学""用中学""创中学"，获得最好成长。

第二，以主题的形式，密切各学科之间的联结，打破学科界限，在学生经验基础上，以项目学习的方式，突出具有现实意义的问题解决，力求知识融会、方法融通，培养学生提出问题、发现问题、解决问题的能力，提升学生自我规划、合作交流、总结分析等关键能力，获得最真实的成长。

第三，打破学科学习的方式。借助项目学习，推进教与学方式的改变，为校本课程有效而深入地推进探索经验，并提供可借鉴的操作体系。

二、课程开发的实践效果

通过书籍、中国知网、百度等数据库对主题课程的相关文献进行了解，提供相应的研究内容与思路；对本校课程建设、课程体系、价值取向进行现状分析研究，确定主题课程研究；各学科教师通过头脑风暴、深度教研，提炼确定主题课程内容；通过引、调、增、组、挖的方式进行学科内、外主题课程以及年级跨学科、学科跨年级主题课程的建设；遵循开放性、实践性、创新性、科学性的设计原则，以项目学习的方式进行实践操作，建构课程运转的操作性模式和工具。具体实践效果如下。

（一）明确了主题课程实施遵循的原则

主题课程在小学阶段的实践应用，是建构小学生整体世界观、人生观和价值观的手段，是促进自主学习的有效方法。以下是我校主题课程的开发建设主要遵循的原则。

首先，主题课程的目标要遵循：以儿童为中心，从儿童的角度出发，考虑儿童已有的认知经验和现实生活的实际，坚守儿童发展立场，落实"双减"政策，以"儿童可持续的全面发展"为根本目标，在"保护儿童成长利益"的前提下展开一切学习活动。

其次，主题课程的开发应遵循：立德树人，以主题为载体，多学科融合。形成学生、教师、家长三位一体的教育共同体；形成学校、家庭、社会三方为一体的整体育人环境。在这里，教师是学习的设计者、组织者、引导者、合作者，是课程开发的主体。

再次，主题课程实施需要遵循：围绕一个主题，指向某一核心概念。核心概念是有组织的、有不同覆盖程度的、用抽象语言表达的、超越主题和事实的一些观念和思想。对核心概念的学习，比掌握事实性的知识更为重要。在主题设计与实施中，只有对核心概念的内涵和外延有清晰的认识和理解，才能更深入地进行主题知识的呈现。

最后，学生的学习要遵循深度学习。面向未来的学习是具有高峰体验的、依靠内驱力的、解决复杂问题的学习。教学方式上强调引导学生主动思考、积极提问、自主探究，探索基于学科的课程综合化教学，开展研究型、项目化、合作式的学习方式。主题课程让孩子们实现多元探索，是撬动学校课程改革的关键之举，给孩子营造生命、生态、生活的学习场，让学习真实发生，让孩子真正获得。

（二）完善了小学主题课程体系

学校课程建设始终为学生的发展服务，落实"立德树人"根本任务和"双减"政策要求，指向学校的办学理念和育人目标，并从学校原有的"三主"课程（即基础性主体课程、拓展性主题课程、特需性主选课程）框架出发，建立主题课程假设，明确主题课程蓝图，加强学科整合，发展亦庄一小主题课程体系，解决好学什么、怎么学、学得怎么样的问题。

主题课程是学校"三主"课程系统建设的补充完善，学校"三主"课程建设又是主题课程的基础和铺垫。

"三主"课程内涵说明：基于学科学习为主的主体课程（基于学科学习的基础课程）；基于主题项目学习为主的主题课程（基于学科融合的拓展课程）；基于特长培养的主选课程（基于自主选择的特需课程）。

"三主"课程体系建设坚持给孩子无限可能的未来的育人导向，培养德智体美劳全面发展的阳光少年；坚持儿童立场，尊重孩子的身心发展规律；坚持学科融合，打通学科壁垒，实施通识教育；立德树人，培养具有中国情怀、世界眼光的社会主义合格建设者和接班人。

主体课程	主题课程	主选课程
基于学科（基础）	基于项目（跨界）	基于兴趣（个性）
必修（全员）	必修（全员）	选修（个别）
学科学习课程 / 学科实践课程	学科融合课程	特需课程

"三主"课程建设体系

"三主"课程建设体系说明

主题课程作为学校整体大课程中的一部分，担负学科融合和培养学生具有广博的视野、创新的思维、卓越领导力的育人使命。

主题课程以儿童为核心，遵从儿童的哲学，以"我"为出发点，从"我与自己""我与社会""我与自然""我与文化"四大领域向外拓展延伸，提供丰富的主题课程供给，给孩子生命成长以丰盈的精神滋养，同时也大大增加了孩子们自由选择课程的机会，激发了孩子对学习的热爱，形成了适合孩子成长的教育新生态。

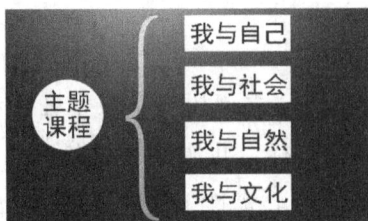

主题课程四大领域

学校在遵从国家课程、地方课程、校本课程三级课程体系的前提下，围绕"为谁培养人、培养什么人、怎样培养人"这些教育根本问题，以大课程观的视角重新审视学校所有课程活动，建立起了适合学生成长的主题课程体系。

主题课程体系共分为四大领域：我与自己、我与社会、我与自然、我与文化。它充分体现了课程建设服务育人目标的价值取向，实现了学科课程联结融合，整体育人的目标，为学生的创新发展提供了更多的可能。

（三）探索了小学主题课程实施路径

学校主题课程实施围绕以下几个步骤展开，形成了课程开发的实施路径，并在实践中得到了检验。

1. 确定主题：解决做什么的问题

在对各年级课程目标梳理过程中，提炼核心概念，并依据课标、教材、学生已有经验，可能会产生要解决某个真实问题的想法，进而确定项目主题。

2. 制定规划：解决计划如何做的问题

以小组为单位，进行"头脑风暴"，对项目提出详细的规划，制定实施策略，分工协作，交流讨论，形成可实施的方案。

3. 主题探究：解决具体怎么做的问题

围绕规划方案，寻找问题解决的资源，并通过观察思考、交流讨论、调查分析、实践体验等探究活动，最终形成探究结论。

4. 成果展示：解决做得怎么样的问题

借助思维导图、锚图、音频、视频、作品、实物等方式，进行成果创作、作品展示，分享交流，彼此获得思想的启迪，形成新的认知，让学习真正发生。

5. 反思评价：解决反思成长的问题

从项目选题、拟订方案、实施情况、项目成果等方面开展学习活动评价，形成活动经验。

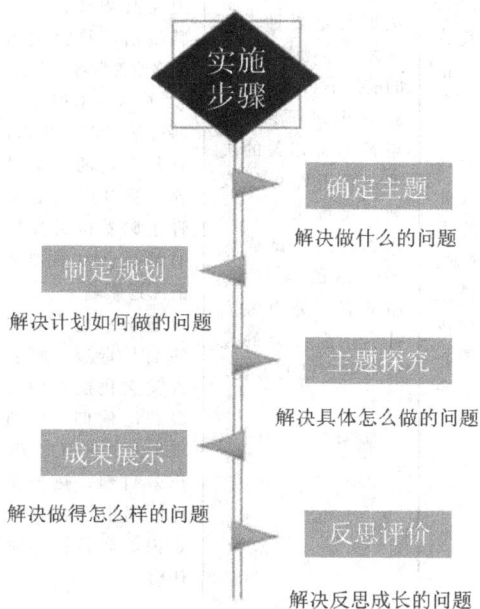

主题课程实施路径图

（四）小学主题课程的内容体系

根据小学生年龄特点和对世界的认知水平，我们"以儿童为中心"，遵循儿童的哲学，以"我"为核心，从我与自己、我与自然、我与社会、我与文化四大领域向外延伸，开展课程，丰富主题课程的供给。

亦庄一小课程蓝图

领域	我与自己	我与社会	我与自然	我与文化
课程总目标	1. 认识自己的身体，养成良好的习惯，接纳自己。 2. 建立自己与社会的多种联系，确立不同环境中自己的身份，认清自己。 3. 了解交往的基本规则，积极应对交往中出现的问题，恰当地进行自我管理；形成独立、正确的价值取向，学会管理自己。 4. 学会反思，在行动过程中获得成就感；借助榜样的力量，制定成长规划；追寻幸福，敬畏生命，逐步形成积极的人生态度，理解自我的价值和生命的意义。	1. 认识并理解各种社会场所（学校、医院、商场、银行、博物馆、公园等）的结构、功能、运作、体系、制度等。 2. 了解各场所中不同角色的职责，在认识其重要性、相互关系、规则、制度的前提下和谐生活。 3. 认识并理解自己与各场所相关的决策，能正确行使权利、履行义务、承担责任。尝试成为各群体的参与者、服务者，努力融入社会，为社会的发展贡献自己的力量。	1. 能够对大自然保持好奇心和探寻热情，愿意参加探究活动。 2. 在对大自然及其规律、自然界与社会关系的探索过程中，渐渐形成搜集和处理信息的能力、提出和解决问题的能力、交流与合作的能力。 3. 在对大自然一般规律探寻的基础上，遵循其规律、适应其生活，并尝试用规律改善学习、生活。 4. 了解并掌握一定的科学知识与技术，具备一定的科学素养，能以广阔的视野正确看待科技发明给社会发展带来的深远影响。 5. 充分感受大自然的美与奇迹，感受人类文化遗产中凝聚着的信仰、价值观带来的创造之美，热爱自然，热爱世界，逐步增强环保意识，培养社会责任感。	1. 从个人成长、家庭印记、城市风貌、地域文化、国家文明、人类迁徙、世界探索的角度，理解时空坐标中个人与世界、过去与现在的紧密联系；探索万物的起源、发展和变化，真正感知人类的文化。 2. 用开放的心态尊重和接纳不同地域和民族的文化表达，传承中华文化，在民族性与世界性的统一中，打开视野，提高审美水平和生活情趣。 3. 传承源远流长、博大精深的中华文化，感受历史文化底蕴；激发学生探索世界的欲望，在追求真理、探索世界真相中，拓展国际视野，树立世界眼光。

领域		我与自己	我与社会	我与自然	我与文化
低年级	主题	1. 认识自己 2. 交朋友	1. 职业体验 2. 我的妈妈（爸爸等）	1. 叶子课程 2. 我的动物朋友	1. 猜猜我是谁 2. 帐篷里阅读春天
	领域目标	1. 认识自己，通过视频、人体模型等方式，了解身体各部位、各系统的运行变化情况，了解身体及其结构、感受自己的个性化，发现自身价值、理解生命的意义。 2. 在不同环境与不同群体中，正确认识自己的身份（如家庭成员、社区成员、学生等），学习与他人交往的基本规则（语言、形体等方面），审视自己的行为和群体文化精神之间的关系，指导自己行为的同时，更好地认识自我。 3. 在现实生活中，理解如何以恰当的方式与人交往，尊重并理解不同文化背景下人的行为，接纳不同的人，具有同理心。	1. 在探究和体验中，认识并能简单表述学校及与学生日常生活相关的商场、游乐场、图书馆、医院等社会场所，认识其中重要、关键角色。 2. 了解自己家庭中爸爸或妈妈的角色，能简单介绍并制定共同讨论、理解的规则，承担应有的责任。 3. 认识学校及与学生相关的社会场所运行中的符号标识（例如安静的标识、可回收垃圾桶分类标识等），能对符号标识做出恰当反应。	1. 对生活中常见的物质、自然现象有好奇心和了解欲望，积极参与探究活动。 2. 在教师同伴帮助下，能运用多种感官和简单的工具，观察四季中常见事物的外部形态特征、变化特点等，能够独立提出感兴趣的问题。 3. 尝试找寻自然界事物之间的联系。 4. 能用简单的语言、图形等方式表述自己的发现，运用观察与描述等方法推演出自己的结论。 5. 在生活中，能自觉地保护动物，爱护花草树木，珍惜水资源等。	1. 学生能够通过自己的成长经历和家族史，初步感知中国历史的久远。 2. 通过阅读文本、观看典型影片、听取故事等感知中华文化的博大精深。 3. 尝试学会欣赏与表达。
	研究目标	1. 说说我是谁。 2. 读故事、听绘本、看影片了解中华文化。 3. 尝试多种方式表达自己的收获与感受。	1. 通过组织学生校内、校外职业体验，认识社会各种场所及相关职业。 2. 观察了解自己的爸爸或妈妈，能简单分享自己眼中的爸爸或妈妈，感受责任的重要性。 3. 在亲身实践中，通过探究体验认识社会场所运行中的符号标识（例如安静的标识、可回收垃圾桶分类标识等），能对符号标识，做出恰当反应。	1. 多种多样的动物、植物都是我们的朋友，我们有责任爱护它们。 2. 了解多种多样物质神奇的变化形式。	—

续表

领域		我与自己	我与社会	我与自然	我与文化
低年级	研究路径	1. 观察自己，了解自己的身体结构。 2. 认识家人、老朋友，找到自己不同身份，尝试与人交往。	1. 校内活动、比如世界等职业体验。 2. 讲讲我的爸爸或妈妈。	1. 走进自然界，观察、体验、发现、探究。 2. 看看我心目中的它（通过观察或养护小动物，分享介绍）。	1. 看成长照片、听成长故事、看成长影片。 2. "帐篷里阅读春天"活动。
	涉及概念	形式、功能、联系；联系、责任。	形式、功能、联系、责任。	形式、变化、联系。	形式、原因、联系、变化； 形式、联系、功能、责任。
	涉及学科	1. 科学：身体构造 2. 语文：语言表达 3. 英语：口语表达 4. 美术：自我画像 5. 数学：生日统计	1. 语文：语言表达 2. 英语：职业表演 3. 美术：职业画像 4. 数学：数据统计	1. 美术：叶画的设计 2. 音乐：感知叶子摇动、动物喊叫的声音 3. 科学：动手实验 4. 语文：语言表达	1. 艺术：新老歌曲、舞蹈 2. 美术：家谱绘画 3. 语文：阅读文本，语言表达
中年级	主题	1. 情绪管理 2. 习惯养成	1. 角色扮演 2. 故宫博物院探寻	1. 劳动种植 2. 山楂课程	1. 美丽家乡 2. 民族音乐厅
	领域目标	1. 了解自己的身体结构，介绍各部位的价值及其感受。 2. 明确自己在学习生活中的角色，遵守表达的规则，了解自己，理解他人。	1. 认识并理解社会群体的功能，培养溯源的思维方式。 2. 识别并理解不同生活社会场所中符号标识（如交通符号等）的含义及功能，正确遵守。 3. 参与策划简单的社会群体活动（小组表演等）。	1. 了解自然界物质的外在特征和一些变化特点，有研究兴趣。 2. 利用多种感官和简单工具，观察、分析后用简单的科学语言加以记录、描述。 3. 了解物质的实际用途，并能够运用比较与类比等方法得出结论。 4. 能简要讲述探究过程、介绍结论，并主动与同伴交流讨论、展出展示。 5. 初步养成列计划的习惯，并对探究过程、方法和结果进行简单的总结与改进，养成尊重事实的科学品质。	1. 结合春节这个节日，用地图为学生介绍风俗，呈现同一节日在不同地域的差异，理解不同民族的文化习俗不同，感受中国地域的广博、文化的丰富。 2. 能够运用口头、书面、肢体语言、乐器等，大胆、合理表达自己的想法、技能、情感等，提升自己表达的独特性。
	研究目标	1. 能够根据自己的理解，正确表达喜怒哀乐。 2. 能够在认识自己的基础上，养成良好的饮食、运动、作息等习惯。	社会群体是相互关联的，正常运转需要各个部门的协同合作。	1. 种植物质的认识与分析。 2. 观察、分析、总结自然界物质的规律。	1. 认识家乡，感受祖国的伟大。 2. 能用自己的独特方式进行艺术表达。

续表

领域		我与自己	我与社会	我与自然	我与文化
中年级	研究路径	1. 创设问题情境，讨论交流，真实表达。 2. 模拟表演。 3. 调研、查阅相关资料，了解人生、生活的规律。	1. 活动体验，模拟表演。 2. 找寻规则，设计活动。	1. 动手实践，亲身种植记录。 2. 通过观察、分析等借助物质制作成果，丰富认知。	1. 调查、记录、制作、交流。 2. 民族音乐会。
	涉及概念	变化、形式、联系、功能	形式、功能、责任、反思	形式、原因、联系	形式、联系、功能、变化
	涉及学科	语文：文字介绍 音乐：节奏感知 道德与法治：知识调研 体育：锻炼方法 心理：案例分析	语文：文字介绍 艺术：动作音乐 体育：路线方法 心理：案例分析	科学：种植实践 美术：制作小报 实践：食品制作 语文：文字描述	语文：文字表达 艺术：音乐会 道德与法治：56个民族调查研究
高年级	主题	自我管理	1. 家 2. 我的志愿行动	1. 二十四节气 2. 雾霾	1. 运动会 2. 纸课程
	研究路径	1. 通过资料研究，感受身体变化、发展规律，学会反思，形成良好习惯。 2. 通过制作"成长记录手册"感受自己的成长变化，制定成长规划。 3. 通过绘本、科普文章、人物故事、电影等找寻榜样，认识他人，接纳自己、接纳他人。	1. 家庭小调查、主题班会活动。 2. 各种校内校外志愿活动的体验与探究。（选择适当的方式记录）	1. 通过搜集信息获取对二十四节气规律的了解。 2. 能主动借助获取的信息，表达自己的发现。 3. 通过对雾霾天气的统计调研，更加深入认识自然界。 4. 通过制作与二十四节气有关的作品等了解节气文化，探究季节给人类生活带来的影响并有意识地遵循自然规律以适应生活。	1. 绘制中国地图。 2. 开展运动会。 3. 了解制作纸的过程，并使用纸来制作作品。 4. 多种方式分享"纸的经历"。
	涉及概念	变化、联系、责任、反思	功能、联系、责任	变化、联系、责任	变化、联系、观点
	涉及学科	1. 语文：习作（文字表达） 2. 美术：设计小报 3. 心理：案例分析	道德与法治：案例分析 语文：文字表达（写作） 美术：设计小报	1. 语文：习作 2. 科学：实践报告 3. 音乐：二十四节气歌 4. 美术：创意作品	1. 科学：制作纸 2. 美术：使用纸制成作品 3. 体育：纸运动会 4. 语文：习作感受 5. 数学：数据观念

1. "我与自己"课程

"我与自己"课程领域，以我为出发点，从"我是谁""自我管理""自我发展"等方面，认识完整的自己；通过系列与"自己"相关课程，让每一个孩子都能了解自己、认识自己，更好地管控自己，成就自己。

例如，针对刚刚入学的一年级新生，在情绪管理、分类整理、自主作息等方面设计主题课程，让学生逐步地认识自己。

再如，利用生日课程，让孩子探索成长的秘密，发现藏在日子里的数学。全校学生用贴纸记录下自己的生日，结合自己年级所学统计知识，收集数据—整理数据—统计数据—分析数据—得出结论，并绘制统计图，用自己喜欢的方式向同学展示汇报。过程好了，结果不会差，如此"做中学"，让主题课程深受学生喜欢。

2. "我与社会"课程

"我与社会"课程领域，从"我与他人""行走世界""社会现象"等方面，认知社会的运作。主要透过社会现象，唤醒孩子们对社会的责任感，从小养成对社会理解、友爱、包容、担当的意识。比如我们开设的环保课程、经济课程、垃圾分类、职业体验课程等。

3. "我与自然"课程

"我与自然"课程领域，从"认识大自然""春夏秋冬""劳动种植"等方面，感知奇妙的大自然，突出我与大自然的关系，表达人与大自然的和谐共生。

例如，山楂课程。我校老师带孩子们走近校园里的山楂树，了解山楂果，开启一段酸酸甜甜的山楂课程。欢声笑语摘山楂、娓娓道来讲山楂、聚精会神画山楂、妙笔生花写山楂、甜甜心情品山楂、精打细算卖山楂……以山楂为题，发散思维，语文、美术、科学、劳动、数学等学科完美融合，体味自然的美、学习的美！再如，"我和秋天"主题课程。齐声话秋、舞动赞秋、童音唱秋、巧手捏秋、五谷知秋、妙尺量秋和落叶知秋等，让学生从不同学科，多角度地去认识秋天、感受秋天、表达秋天……

4. "我与文化"课程

"我与文化"课程领域，从"传统文化""博物馆研学""历史探秘"等方面，播一粒文化的种子，通过文化对"我"的浸润、融合、涵养，使孩子成长为自信大方、文明有礼、知书达理，散发文化芬芳气息的阳光少年。

如纸课程，从纸的历史、纸的制造、纸的用途、纸的分类等方面展开主题学习，学生从课题设计、团队分工、任务确定、资料搜集、实践操作、成果展示等环节，多路径展开对纸课程的探究学习，不仅实现了历史、科学、语文、数学等学科的跨学科学习，还了解了纸的发明、纸的发展等文化信息。

（五）建立了小学主题课程评价机制

课程评价是指根据一定的标准和课程系统信息以科学的方法检查课程的目标、编订和实施是否实现了教育目的，实现的程度如何，以判定课程设计的效果，并据此做出改进课程的决策。在主题课程实施中，需要借助量表进行客观、有效的监控，以不断地调整、完善、提升。

主题课程设计成果评价量表——过程性评价（80 分）

评价维度	关键评估点	赋分
主题确定	与学段课程教学内容相关	10
	主题新颖，有探究价值，对学生综合能力培养、人文精神培养具有重要意义	
	能调动学生的积极性，设计真实的问题情境	
	能综合运用现代多媒体技术手段	
课程设计	主题概述清楚地说明主题课程的背景、内容、重要性	30
	学习目标阐述与学习主题相关	
	学习任务设计要做到任务与目标统一，任务设计围绕总体目标的实现展开	
	学习环境和支持说明，清楚地说明课题学习所需的资源的支持，以及学习环境	
课程资源	支持教的资源：能够说明课题的来源、任务安排、对学生的要求，突出要点；能够呈现丰富、完整的学习任务情境；表现形式合理，简洁明了，具有很强的表现力	20
	支持学的资源：与主题完全相关，有效支持所有任务的学习；能支持学生的探究；提供使用说明，导航清楚、合理；技术表现形式合理，符合学习者的年龄特征和学科特点	
实践过程	能够规范流程，调动学生的积极性，善于发现和挖掘信息，严于律己，乐于助人，能够始终保持良好的小学生形象	20

主题课程设计成果评价量表——终结性评价（20分）

评价项目	关键评估点	赋分		
		优秀	良好	一般
成果展示	富于很强的表现力；既能给学生示范，又利于学生创造性发挥；表现形式合理	5	4	3
表现交流	支持每一个任务的学习；语言表述简洁明了，符合学习者特征，便于学习者下载、填写；对术语作了简要说明，没有歧义表述；内容设计合理，并预留扩展空间	5	4	3
科学素养	应用了科学研究方法，使用了规范的研究流程	5	4	3
创新能力	认真完成，有原始记录和照片等，能体现自己对问题的独特理解或见解	5	4	3

我校主题课程的评价主要采用诊断性评价、过程性评价和终结性评价三种方式，家长、教师、学生以及社会机构等多方参与，进行定性与定量的刻画。课程评价从三大原则出发，重点对课程的目标、内容、实施，对学生的过程参与、发展获得，对教师的有效实施、科学引领等方面进行全方位评价。

主题课程评价原则：

一是适用性原则。主题课程的目标、内容、实施过程是否适合儿童的发展规律，是否是基础课程的有益补充和拓展，是否指向学校整体的育人目标促进人的全面发展。

二是科学性原则。依据义务教育课程方案和课程标准，对课程的实施的前期、中期、后期进行过程分析和调研，对学科整合、目标落实进行质量分析，保证课程实施的有效性、科学性，促进学生综合素养的全面提升。

三是发展性原则。学生、教师、社会等方面参与对课程内容的开放性、学习过程的自主性、主题成果的创新性等方面的评价，多维度地评价，促进学生最大可能的发展，推动课程的改革和创新。

主题课程自我评价表

使用办法：根据学习表现，在相应的方框内画"√"。

项目	评价指标	需提高	评价指标	合格	评价指标	优秀
知识技能	针对小组的研究主题 1. 缺少应用相关的学科知识 2. 知识点有误 3. 缺少运用相关的学科技能		针对小组的研究主题 1. 知识点正确 2. 有明显的学科特点 3. 合理运用相关的学科技能		除了满足"合格"的标准外，有实用价值，有创意 主题具备一定的研究价值	

续表

项目	评价指标	需提高	评价指标	合格	评价指标	优秀
交流互动	1. 设计规划书阶段，小组成员之间缺少交流和讨论 2. 小组实践过程中，成员之间缺少交流与合作 3. 成果汇报的内容（文字或其他形式）不完整 4. 成果汇报时间过长，表达（语言或其他形式）不清楚		1. 设计规划书阶段，小组成员能及时交流，互相补充完善 2. 小组实践过程中，成员之间通过交流，发现问题并及时解决 3. 成果汇报的内容（文字或其他形式）清晰简洁，无错误 4. 成果汇报阶段，表达（语言或其他形式）清晰，有条理		除了满足"合格"标准外，还要满足： 1. 成果汇报的内容，有活动过程中成员的心得体会或反思 2. 小组汇报的形式，适合本组研究的主题，形式有创意	
分工合作	1. 个别成员没有承担任务 2. 让每个成员表达自己想法的机会不多		1. 小组比较公平地分配任务 2. 尊重每个成员个人观点的表达 3. 尽量发挥每个成员的长处，提供自选任务的机会		1. 实践过程中，每个成员主动性较高 2. 成果汇报中，能发挥每个成员的长处	
规划管理	1. 设计规划书阶段，缺乏条理 2. 实践过程中，有浪费时间的现象，没能按时完成研究任务		1. 设计规划书阶段，规划的内容有条理 2. 成员能够按照规划有序完成任务		1. 掌控小组的活动进程 2. 必要时，适当进行规划书的修订 3. 预留了一定时间，用于成果的完善	
成果汇报	1. 展示过程中个别成员没有任务 2. 观众没能看（或听）懂小组的研究成果 3. 如果是文本类的成果，缺少对图片和文字比例的平衡		1. 展示过程中，小组成员分工合作需要改进 2. 观众能看（或听）懂小组的成果		1. 除了满足"合格"的标准外，展示过程有创意 2. 研究主题突出，成果内容有说服力 3. 成果内容和形式的配合得当	

主题学习层级评价细目表

评价主体	评价层级	评价主题			
		我与自己	我与社会	我与自然	我与文化
个人发布	学生以 PPT、视频、研究报告、作品呈现的方式在班级发布自己的研究成果。				
年级分享	在年级分享、交流优秀成果。				
学校汇集	校级展示、汇集梳理学生成果，结集专辑。	评价优秀成果，校级展示。			

主题学习要素与步骤

内容	有意义的项目具备的要素		过程和操作程序		
	核心要素	具体指标	过程	操作程序	核心要点
主题	解决做什么的问题。	提炼核心概念，并依据课标、教材、学生已有经验，可能会产生要解决某个真实问题的想法，进而确定项目主题。	确定主题	提出有驱动或引发性有价值，能研究，感兴趣的问题。	问题的设计与目标相一致。活动设计符合学习者个性。规划学习时间、活动计划、流程安排、达成量规。
规划	解决计划如何做的问题。	以小组为单位，进行"头脑风暴"，对项目提出详细的规划，制订实施策略，分工协作，交流讨论、形成可实施的方案。	制订规划	融合学科内容，定位活动培养目标；围绕目标设计并执行规划。	以学生为中心，在调研基础上提出现实生活和真实情境中复杂的多学科知识交叉问题，多学科融合解决。
探究	解决具体怎么做的问题。	活动真实（实地、实物、实践）。真实合作。	主题探究	营造充满启迪和启发的学习环境支持探究。情境创设促进形成"学习共同体"。	帮助学生使用并掌握技术工具，搭建"脚手架"。指导或辅助学生间、学生和社会团体间合作。
		围绕规划方案，寻找问题解决的资源，并通过观察思考、交流讨论、调查分析、实践体验等探究活动，最终形成探究结论。		运用研究方法和多学科知识展开探究活动在多维度（师生、生生、家校）合作中推进、试误、匡正、深入。	活动具有挑战性、建构性。教师前期提供趣味性、相关性的探究资源与指导。行动中学习共同体在反复试误中完成作品制作。
成果	解决做怎样的问题。	借助思维导图、锚图、音频、视频、作品、实物等方式，进行成果创作、作品展示，分享交流，彼此获得思想的启迪，形成新的认知，让学习真正发生。	成果展示	学生之间就作品制作进行交流和讨论，从中得出结论和发现新问题。	学习者可以使用各种PPT、视频、作品、研究报告等展示他们的学习成果。
评价	解决反思成长的问题。	开展学习活动评价，形成活动经验。	反思评价	采用教师导、学生汇报、总结归纳的方法。	从项目选题、拟订方案、实施情况、项目成果进行归纳总结。

（六）主题课程的组织与实施

为了实现课程建设的规范化管理和可持续化发展，我们建立了主题课程建设的组织管理思路和结构化的实施体系——"1＋3＋N"课程组织管理结构化体系。

"1"：学校专门设立"课程中心"，为课程组织管理的"1"。统筹课程建设工作，进行主题课程的顶层设计、资源整合、开发实施、管理评价等。

"3"：课程中心下设专家引领组、主题项目组、经费保障组 3 个组织单位，负责课程的引领、推进、实施、保障，为课程组织管理的"3"。

"N"：主题项目组分设"我与自己""我与社会""我与自然""我与文化"课程单元组，并和语文、数学、科学、劳动等教研组协同教研，保证课程的落地，每一个课程单元组和学科教研组为课程组织管理的"N"。

三、课程开发的成果特色

（一）指向学生发展的核心素养

在主题课程学习中，从问题提出、主题确定、规划制定、分工合作、成果呈现到最后的反思评价，学生一直处于主体地位。每一个主题课程的学习都需要学生对真实有挑战的问题持续一段时间地进行研究，且借助各种资源和工具，与小组成员配合协作去完成，利用所学知识去解决问题，在这一过程中进行数据的分析整理、学科知识的综合运用、成果的最优化呈现等，学生达到对原有经验的再拓展，对已有知识的再建构以及认知思维的再迁移。多学科融合、多元化学习、多样态成果，无不说明主题课程的学习指向学生全面发展的核心素养。具体表现在以下几个方面：

第一，主题课程基于学科融合和学生的生活经验而提出，从核心问题出发，主要分为"我与自己""我与社会""我与自然""我与文化"四大领域，学习内容更有意义、有价值，在培养学生观察、分析、判断、推理、迁移、质疑、操作、合作、创造等关键能力方面是学科学习的有效补充。它指向学生发展的核心素养。

第二，主题课程让学生借助项目学习（PBL）方式，基于现实情境真实问题的解决，改变了学生学习的方式，让学习指向真实而有挑战性的研究性学习真实发生。

第三，在主题课程的学习中需要严谨的科学态度、良好的意志品质、积极的合作交流氛围，它指向学生成长的关键品质。

第四，每一个主题课程都会经历主题确定、制订规划、探究实施、作品展现、合作交流等环节，是一个持续的探究与实践过程，它指向学科核心知识的综合拓展运用与成果呈现的多样化。

◇ 用作品呈现自己的研究

面具课程

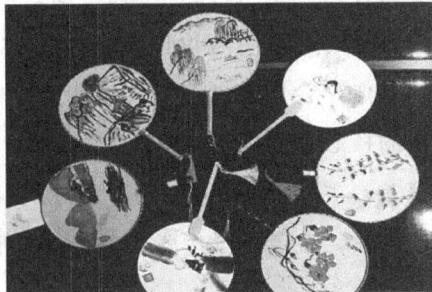

手套、扇面课程

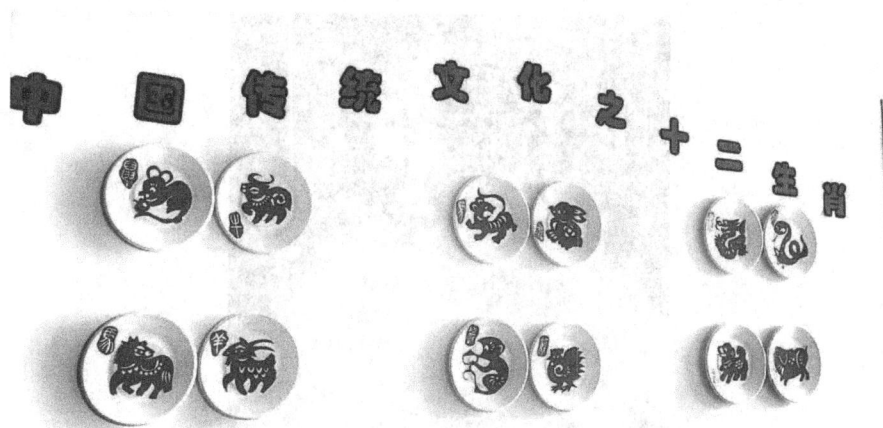

传统文化课程

◇ 用画笔呈现自己的研究

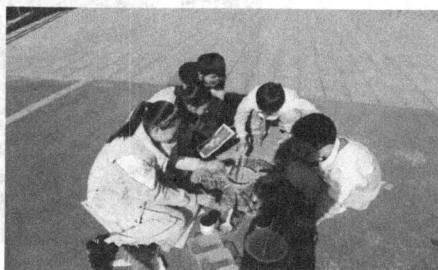

井盖课程

航天课程

冬奥主题课程

◇ 用数据呈现自己的研究

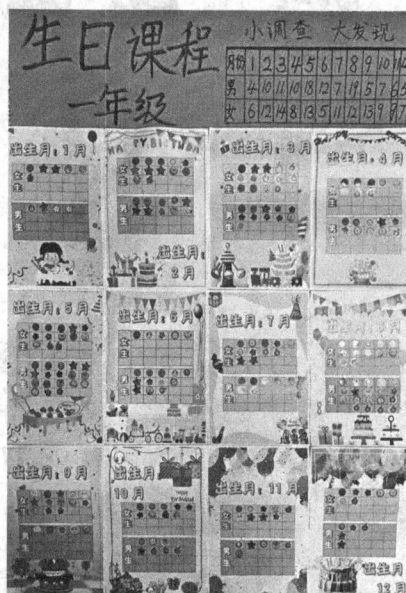

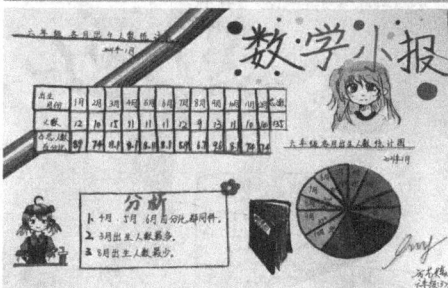

生日课程

◇ 用剪纸呈现自己的研究

剪纸课程

◇ 用绘本呈现自己的研究

绘本课程

◇ 用思维导图展示自己的研究

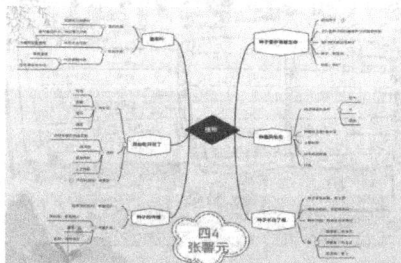

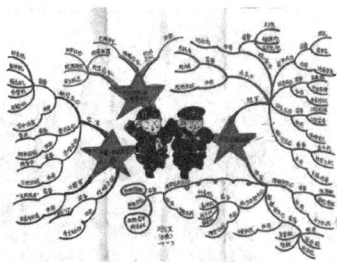

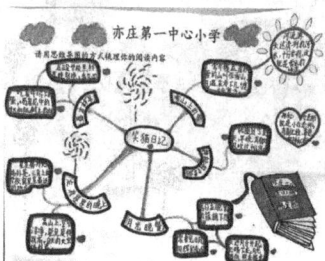

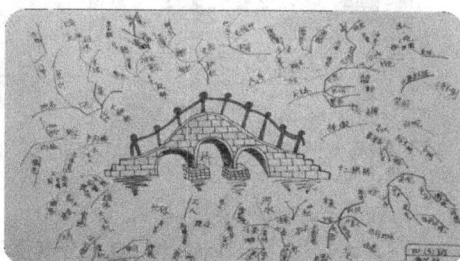

自主规划课程

◇ 用报告呈现自己的研究

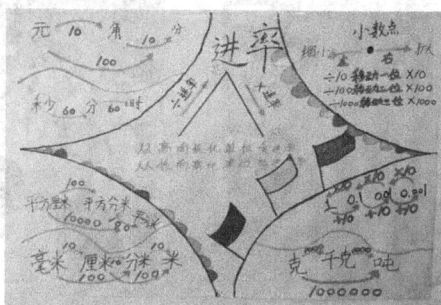

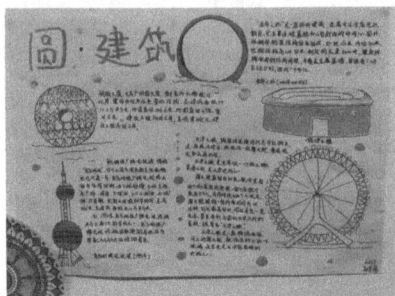

自主分享课程

◇ 用表达呈现自己的研究

童话课程

(二) 指向教师更专业化发展

第一，主题课程的校本化研究，促进了教师行为的转变。

多学科的打通融合，多元智能理论的运用，教与学方式的转变，老师们认识到学生个体差异的客观存在。教师需要尊重差异，关注个性的发展；需要换一种视角去看待学生，要给学生更大、更自主的空间；需要由只关注学科学习向关注通识学习转变，考虑学生的生活经验和探索体验，助力学生的长远发展；需要转变教与学的方式，关注"学什么"，还关注"学会了什么"；关注学生"学会"，还关注学生"会学"。这一切，都是主题课程的校本化研究所带来的深刻变化。

第二，改变了传统课程观念，形成了大课程观。

从深挖学科知识到学科融合贯通，从单一核心知识学习到主题任务群学习；从单学科课程建设到全学科参与、主题课程整合建设；从学校"三主"整体课程开发到"主题课程"细化实施；从"课堂教学校内学习"到"项目学习社会课堂"……老师们的课程观、儿童观悄然发生变化，新课程的大课程观正在老师们的教育观念里发芽、生根、走向成熟……

三年的课程开发与实践，历尽辛苦和磨难，但也锻炼了一大批能学习、善学习、有专业热爱和专业精神的老师。目前我校成功培养骨干教师 15 人，优秀青年教师 13 人。

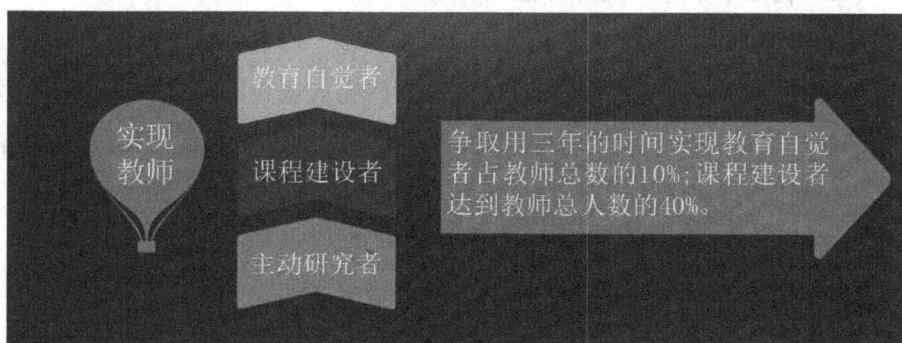

实现教师

教育自觉者

课程建设者

主动研究者

争取用三年的时间实现教育自觉者占教师总数的10%；课程建设者达到教师总人数的40%。

教师发展阶段图示

主题学习教师调查问卷及结果

调查部门：课程教学中心　　　调查时间：2020 年 12 月　　　参与人数：100

调研内容	选项	数据统计
（1）您所教学科？		学校各个学科
（2）您是否参加本学期项目学习？	是（　）否（　）	"是"100%
（3）项目学习内容是否涉及您所教学科？	是（　）否（　）	"是"占 95%
（4）您在本次项目学习中是否学习了其他学科内容？	是（　）否（　）	"是"占 100%
（5）您在本次主题学习中的角色是什么？（可多选）	组织者（　） 参与者（　） 学习者（　）	组织者 25%； 参与者 85%； 学习者 67%
（6）您是否还有兴趣参加进一步的项目学习？	是（　）否（　）	"是"占 90%

（7）在本次项目学习中您感触最深的是什么？

内容与数据列举：

- 学生学习方式改变了。（89%）
- 教学方式改变了，从过去的教，成为现在的和学生共同研究。（80%）
- 不仅是学生，我也学习了很多相关的知识。（79%）
- 分学科教学有优势，但局限性太大了，这样的项目学习对学生是好事，但是对我们老师却是一个挑战。（45%）
- 课堂活跃了，成果呈现的形式多样化，学生乐于参与。（65%）
- 家长也参与进来，带来很多资源。（45%）
- 学校支持力度大，人力、物力、财力都投入很多。（90%）

（8）项目学习活动你认为哪些需要改进的内容？

继续加强集体教研，进一步深化项目学习的本土化创生。

（三）促进了学习方式的转变

主题课程的学习方式不同于常态的课堂教学，每个主题课程的完成或在课上或在课下，或在校内或在校外，或短时间完成或长时间完成……从主题确定到制定规划、探究体验、成果汇报等环节，处处以学生为主体，体现出学生自主规划能力、合作能力、实践能力、研究创新的意识、主动探究的态度，等等，真正实现从"被动学"到"主动做"，由"学会"到"会学"的转变。

（四）积累了丰富的课程资源

自 2019 年以来，亦庄一小建立了"学校—家庭—社会"育人共同体；"学生—教师—家长"学习共同体，打破学科界限、空间界限，从"我与自己""我与社会""我与自然""我与文化"四大领域开展主题学习，形成了主题课程群。多样化的主题课程给学生提供了丰富的课程供给，比如：生日课程、二十四节气课程、时间课程、纸课程、四季自然课程……每一个主题课程的学习，学生都会用各种方式展示自己的研究成果，或报告、或绘画、或视频，等等，呈现学生对研究主题的不同理解。每一个主题的学习都会有思维导图、项目学习"脚手架"，以及教师所提供的各种课程资源等，是学校宝贵的教育财富。

主题课程的学习，还有效整合调动了社区、博物馆、企业工厂等广阔的社会资源。在"我与社会"领域，孩子们走进故宫，走过北京中轴路、走进三元牛奶企业、走向社区志愿岗……社会资源进入主题课程，丰富了教育，也丰富了孩子们的认知，开阔了孩子们的视野，丰盈了每个人的生命。

（五）课程改革撬动了学校大发展

有适合孩子成长的课程才会有好的教育。可见，课程改革是一所学校健康发展的动力，亦庄一小从没有停止过课程改革的推进。学校先后和香港青衣商会小学课程对接，结为姊妹学校，积极推进主题项目学习；和山东新泰平阳小学结为友好学校，课程资源共研共享；与北师大教育学院签约，对教师以及课程理论进行培训指导；先后借助工作室、开发区教研基地校、亦庄协作区组长校、全国教研联盟校、课程研讨会等，分别与宁夏、内蒙古等地的校长、教师交流研讨，推广交流课程改革经验，深受好评。学校的课程改革经验也先后被《光明日报》旗下《教育家》杂志、《现代教育报》《北京日报》、"学习强国"学习平台等多家媒体、平台报道。课程改革唤醒了一所传统学校，给发展注入了新的动力。近年来，学校先后获得联合国可持续发展与学习科学教育中心实验学校、全国奥林匹克教育示范学校、教育部全国阅读示范学校、全国篮球特色学校、全国绿色学校、全国青少年航天科普优秀活动基地校、中华民族优秀传统文化实验校、全国第十三届行进打击乐比赛金奖等多项国家级荣誉；获北京市首批中小学思想政治教学示范基地、北京市"一校一品"体育改革试点学校、北京市小学生综合素质教育评价试点校、北京市中小学技术创意大赛团体一等奖、京城教育卓越学校等多项市级荣誉；获区级督导评估一等奖、区级教学质量评估一等奖等多项区级荣誉。课程改革改变了学校的生态，带动了学校的发展，呈现逆袭向上的蓬勃态势。

◇ 与香港青衣商会小学主题活动交流

◇ 与山东省新泰市平阳小学主题课程交流

◇ 与美国进行 PBL 主题项目式学习探讨

◇ 与宁夏教师主题课程交流

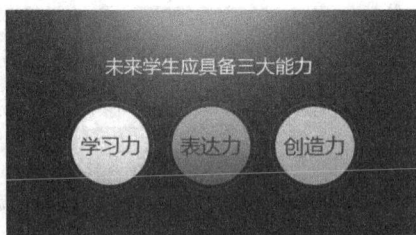

◇ 学校部分获奖

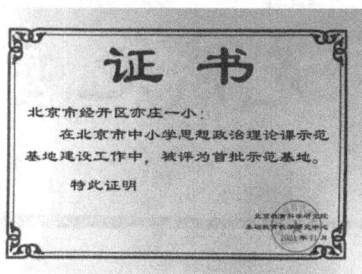

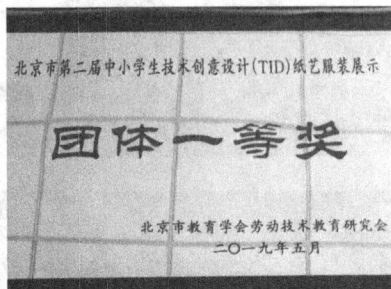

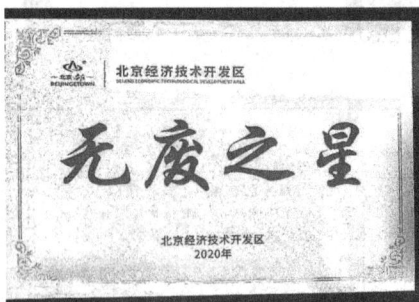

四、课程开发的创新点

（一）有结构的"课程"群，指向了学生发展的核心素养

本文提到的主题课程是学校"三主"整体课程中的一部分，它是主体课程（学科基础课程）的必要拓展和有益补充。主题课程是跨学科课程，它关注学生面对真实世界时的真实体验和直接经验，"做中学""创中学"，有利于学生创新精神和解决问题能力的培养，指向人的全面发展。亦庄一小主题课程的设计以儿童为中心，从"我"出发，开发"我与自己""我与社会""我与自然""我与文化"四个领域的课程群，体现"人—环境—精神"的逻辑关系。主题课程群作为课程改革的新形态，紧紧围绕学校的育人目标"培养有扎实的中国传统文化基础，有中国情怀世界眼光，自信自立的阳光少年"，同时主题课程群的建设也体现出学科知识—学科素养—核心素养转变的变化轨迹。有逻辑结构的主题课程群，一切指向学生发展的核心素养，指向学生的全面发展。

（二）主题课程，构建了学习新的形态

从学科课程到跨学科主题课程，从学科素养培养到提升学生的综合素养，这一切都是主题课程建设所带来的新变化、新形态。传统的课堂常常停留在学科课程的学习，强调知识、理论的掌握。而跨学科的主题课程以项目学习的方式来展开，融合了规划、研讨、调研、展示等多种形式进行的主题学习，更多地强调问题的解决、观点的表达、理论知识与实践操作的融合，引发了学生对学科知识、学科实践、学科素养和主题课程与核心素养的关注。主题课程项目式学习指向了学生发展的核心素养的深度学习，构建了学

习新的形态。

（三）研发了主题课程学习的"脚手架"

如何保证课程的有效实施，引导学生"怎样学"，知道学生"学得怎样"，离不开"脚手架"。我校主题课程实施中的"脚手架"是在借鉴国内外学校项目学习基础上，依据国家课程标准和学校课程的实际需求本土化后的创新。

在主题课程的学习过程中，如何激发学生主动调查、研究、实践、合作？如何结合课程标准设计评价量规，指导有效学习？"脚手架"的设计和运用尤为重要。

首先，量规也是学习"脚手架"。评价量规的设计是保证项目学习有效性的前提保证。设计评价量规时要以某个学科标准为主，统合跨学科的标准，设计出"中级"评价量规，确定"初级""高级"的评价量规，进而基于任务驱动完善"脚手架"，达到人人参与，人人发展的目的。

其次，搭建"脚手架"，在主题项目学习的每一个环节都有应用，除关键的评价量规"脚手架"外，还有信息型、流程型、示范型、问题型等"脚手架"。比如，信息型"脚手架"：在二十四节气课程，老师提供各个节气的微视频；示范性"脚手架"：如何进行小组合作，如何进行头脑风暴等；问题"脚手架"：通过提问方式，引导任务一步一步推进落实等。

"脚手架"的设计和开发是主题课程项目化实施的关键保证，它需要参与课程的老师依据课程标准、学科核心素养和 21 世纪的核心素养的培养目标制定完成，具有本土化的创新性。

（四）为落实《义务教育课程方案（2022 版）》提供了有效的方法和路径

《义务教育课程方案（2022 版）》指出："加强课程内容与学生经验、社会生活的联系，强化学科内知识整合，统筹设计综合课程和跨学科主题学习。加强综合课程科目设置，注重培养学生在真实情境中综合运用知识解决问题的能力。开展跨学科主题教学，强化课程协同育人功能。"

从国家课程方案的要求不难看出，我校的主题课程的开发实施，具有一定的前瞻性和创生性，适应教育改革的方向，适合未来人才培养目标的需求。本文所涉及的主题课程四大领域的设置，学科知识整合、跨学科联结，以及主题课程的项目化实施，较好地聚焦了课程目标，聚焦了教与学方式的转变，指向了学生发展的核心素养，为《义务教育课程方案（2022 版）》的落地提供了有效的方法和路径。

五、课程开发的感悟思考

陶行知先生认为，"处处能实践，生活即教育"。主题课程的开发、设计、实施，符合新课改精神的要求，尊重儿童立场。它在学科知识与学科素养转化，理论知识与实践能力交互，问题解决与创新能力合一，实践课程整体育人，提升学生的核心素养等方面提供了有益的探索。在主题课程体系的构建，实践应用和推广创新等方面取得了突出的成效。为了创造适合孩子成长的课程，为了给孩子无限可能的未来，让孩子爱上学习，爱上生活，我们将永远葆有教育的热爱探索下去，永不停歇……

第三章　小学主题课程的实施原则

课程改革以来，广大小学教师的课程意识以及创新使用教材的能力有了大幅提高。但在研究的过程中，我们也发现了不少的问题，教师对创造性处理教材的具体表现与方法并不明确，把创造性处理教材等同于"更换内容"，于是把注意力放在调换教材内容或活动设计上，而忽略了对自主开发、利用课程资源等其他因素的关注，出现了对创造性处理教材的狭隘、片面的理解。种种现象提醒我们，必须提出教师在创新处理教材时应该遵循的基本原则，以使我们更好地提高课堂的效率。

教材的创新处理既是一种教学方法，又是一门教学艺术。方法可以因人而异，但艺术有自身的规律。不敢越雷池半步，或者撇开教材不管不顾，都会直接影响到教学效果。只有遵循基本的原则，才能让我们在创新处理教材的过程中有所为而有所不为。

这里提到的创新处理教材的基本原则，是我们在长期研究的基础上，对教学实践经验的总结和概括，它反映了创新处理教材的客观规律性。

教师创新处理教材必须遵循的基本原则主要有：目标性原则、主体性原则、整体性原则、生活性原则、发展性原则和有效性原则。

一、目标性原则

目标性原则是指在创新处理教材的组织实施过程中，要有明确的能体现教育目的的教学目标，并紧紧围绕这个教学目标去开展教学。教学目标是教育目的的具体化，而实现教育目的是全部教育活动的出发点和归宿。如果把教学内容比作整节课的出发点，那么教学目标就是整节课的归结点。它是教师上课的主题，是上课的精神所在。从这个角度而言，目标性原则是创新处理教材的首要原则。

课程标准是教师创新处理教材的依据和指南。无论教师如何处理教材，都必须围绕着课程标准中规定的基本要求进行教学，而不能脱离这个核心。教师对教材的再创造、再组织，绝对不能随意地降低标准中的基本要求，同时也不能无限制提高内容难度。

因此，教师在制定教学目标的时候要做到全面、明确而具体。教学目标要全面，其一是指教学要着眼于学生素质的全面发展，其二是指教学要兼顾知识与技能、过程与方法、情感态度价值观等三维目标的实现，而不能有所偏废。明确而具体是指教学目标要清楚明了、具体、可操作，突出教学的重难点。教师在创新使用教材时一定要明确，教学目标是课堂教学的出发点，亦是教学的归宿，在课堂中起着航标的作用，教学内容是实现教学目标的保证。教材中的内容是达成教学目标的材料，教师对教学材料进行再创造时必须紧紧围绕教学目标进行，偏离教学目标的改造终将徒劳无功。

二、主体性原则

知识的掌握与获得，离不开主体积极参与活动。教师在处理教材时应努力将书本中的静态知识转化为有待解决的探究问题，通过改变教学内容的呈现方式，确立学生的主体地位，促进学生积极主动的学习，从而将学生掌握知识的过程转化为一种探究的过程、选择的过程、创造的过程。

教学的任务是解决学生现有的知识水平与教育要求之间的矛盾。教师教的目的是为了学生的学，为了学生而设计教学材料是创造性使用教材的根本。教师必须根据学生的实际情况，根据学生的认知水平、心理特征、学习规律，从学生的原有知识基础出发，从学生的生活经验出发，增加、补充、删除教学内容，在内容的呈现上也要注意结合儿童的年龄特点。

创新处理教材要做到"心中有人"，为学生学习而设计，而不是为教师展示自己的教学技能与技巧而设计。这就需要教师关注学生的物质环境与心理环境，努力营造适合每个学生学习的环境。这样的教学设计就会使课堂教学从统一走向分散，从以教材为主走向以学生发展为主，从以讲授为主走向以指导学习、回答疑问为主，一切为学生成长发展服务。

三、整体性原则

整体性是系统论的一个基本观点。学校的教育系统是一个整体，一门学科的教学系统是一个整体。因此，某一知识点的教学也必须纳入教学知识的整体结构中去加以通盘考虑，从而使学生体会教学知识间的联系，感受教学的整体性，不断丰富解决问题的策略，提高解决问题的能力。

小学教材的编排是按常规思路进行的，未必与我们的每一次教学思路一致。为了更有利于学生通过探索获取知识，教学时可根据相关知识之间的联系和学生的认知规律，对教材的编排做适度的调整。

整体性还要求创新处理教材的教师着眼整体、统揽全局。教师在安排每一个教学活动时，应胸中有全局，兼顾各方面，而不是片面强调突出某一点。教师的教学过程应循序渐进，精细落实，教学的效果就来自于环环相扣、扎实有效、连贯一致。

因此，教师只有站在全局的高度，创造性地处理教材，才能实现教学内容、教学方法、教学手段的完美统一，才能使教材的普遍性同教学实践特殊性有机结合，才能最大限度地满足学生对学习内容、教学方法的需求，充分调动教学双方的积极性，提高教学效率。

四、生活性原则

教育心理学的研究表明：当学习的材料与学生已有的知识和经验相联系时，才能激发学生学习和解决学习中产生问题的兴趣，教学才是活的、富有生命力的。因此，教师在创新处理教材时，要紧密联系学生的生活实际，从学生的生活经验和已有知识出发，创设生动有趣的情境，激发学生已有的生活经验。

教师要注意沟通书本世界与生活世界的联系，把小学教材中的间接知识与小学生直接的日常生活紧密地联系起来，从而让学生了解知识的来龙去脉，认识学习的真实意义。

生活性原则要求教师要在创新使用教材时千方百计地让学生从生活中体

验学习，让学生自觉地把知识运用到各种具体的生活情境中，以高度的热情来学习知识。

五、发展性原则

教学的基本任务是促进学生的全面发展，教师在创新处理教材时，应把以传授知识为首要目标，转变为首先关注学生的情感态度、价值观和一般能力的培养，创造一个有利于学生生动、活泼、主动发展的学习环境，为学生的终身可持续发展打下良好的基础。

如果说知识是写在教材上的一条明线，那么学生全面发展的目标就是隐含其中的一条暗线。明线容易理解，暗线不易看到。因此，教师只有站在学生终身发展的立场，才能从整体上、本质上理解教材，用好教材。所以，我们的教学专家常常说，显性教材是看得到的，容易操作，简单适用，是"冰山"一角，而隐性教材则是文化，是人格课程，是"冰山"水面下的部分，它存在于教师的胸怀中，是教师的底蕴。

六、有效性原则

创造性处理教材的方法没有固定的模式，它依靠教师自身的主动性与创造性去发现、去探索。创造性处理教材的最终目的是改善学生的学习方式，促进学生的全面发展，所有对教材进行的再加工、再创造活动都必须注重实效。

总之，教师应该充分发挥自己的主动性和创造性，根据学生的实际情况和自身的实际情况创造性地处理教材，用个性化的风格和特点使自己真正成为教学的决策者，使教学不仅促进学生的发展，同时也促进自身的发展，做一架沟通教材与学生的"桥梁"，引领学生走进教材，走进生活，让学生去感受体会数学的内涵，体会数学的真正价值，从而为教学带来一片生机。

第四章 小学主题课程课堂案例分析

案例一："纸"有你不同

(一) 课程背景与目标

1. 课程背景

《义务教育课程方案 (2022 版)》指出："加强课程内容与学生经验、社会生活的联系,强化学科内知识整合,统筹设计综合课程和跨学科主题学习","教育是给学生一些事情去做,不是给他们一些东西去学,结果他们自然地学到了东西"。纸是家家户户不可或缺的必备品,与学生的学习生活息息相关,但是我们真的了解它、珍惜它吗?基于以上原因,五年级师生以"纸"为主题,通过头脑风暴确定围绕纸的科学、纸的文化、纸的美丽、纸与运动等内容进行多学科融合的课程探索。没有硬性的灌输,只有主动的探究,让学生在课程活动中不仅能习得纸的文化,更可以发挥动手能力、创造能力、审美能力。纸的特性的展示,对学生的性格塑造起到引导作用,实现"在活动中育人的目标",让学生真正体会到:世界上没有垃圾,只有放错位置的宝藏。

2. 课程目标

(1) 借助学科融合,研究纸的历史、制作、应用等,引发学生对万物的热爱。

(2) 给予学生自主探究的空间,发挥创造力,提高审美能力。

(3) 了解各种纸的英文表达,研究涉及的数学问题,感受纸与运动的关系,从纸张特性中学做人。

(4) 将"废纸不废"和循环使用纸张的环保理念内化于心。

(二) 课程核心素养

"纸"课程注重学生的核心素养,以科学探究的方式进行"纸"课程研究，培养学生的科学态度与社会责任。《义务教育课程方案（2022版）》优化了课程内容结构，设立跨学科主题学习活动，加强学科间相互关联，带动课程综合化实施，强化实践性要求。"纸"课程涉及多学科融合探究，注重学科间的相互关联，学生在实践中研究纸的相关问题，提升环保理念。

（三）单元主题课程设计

核心素养导向下的"大单元教学"设计；以"纸"为主题的课程以大主题为中心，课程组教师对"纸"的学习内容进行分析、整合、重组和开发，形成具有明确的主题、目标、任务、情境、活动、评价等要素的一个结构化的具有多种课型的统筹规划和科学设计。道德与法治学科结合家长讲堂带领孩子们调查纸的起源，了解人类文明的进步。数学学科带领学生探究造纸中的数学问题，提升环保理念。科学学科让学生经历再生纸的制作，感悟纸的再利用。美术学科将再生纸制成美丽书签，赋予废旧材料新的生命。劳动学科中学生制作纸绳子，用自己的智慧与思考实现目标。体育学科中学生进行纸运动会，体会团结的力量。英语学科、语文学科进行关于"纸"的专题的双语小演讲。语文学科抒发活动感受，提高习作水平。

（四）面向学科

语文、数学、英语、科学、道德与法治、劳动与技术、美术、体育。

（五）面向年级

五年级。

（六）思维导图

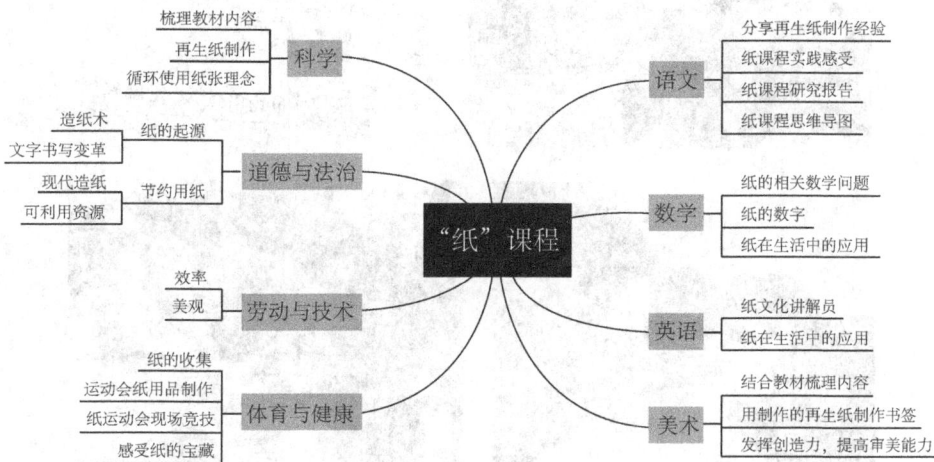

（七）课程任务

1. 纸课程安排流程

头脑风暴确定研究方向—制定研究目标—明确研究路径—各学科分工合作—成果展示（课程周汇报）—总结反思。

2. 课程任务

（1）家长讲堂"讲解纸的起源"，了解造纸术是中国古代四大发明之一，知道是它带来了文字书写上的巨大变革。从最早的结绳记事到甲骨文，从竹简到帛书再到造纸术的出现和改良，代表了时代的发展和人类文明的进步。同时，清楚地认识到节约用纸的必要性。

（2）科学课"制作再生纸"，结合教材内容进行再生纸的制作，经过浸泡、搅拌、抄浆、晾干，拥有制作再生纸的成功体验，将"废纸不废"和循环使用纸张的环保理念内化于心。

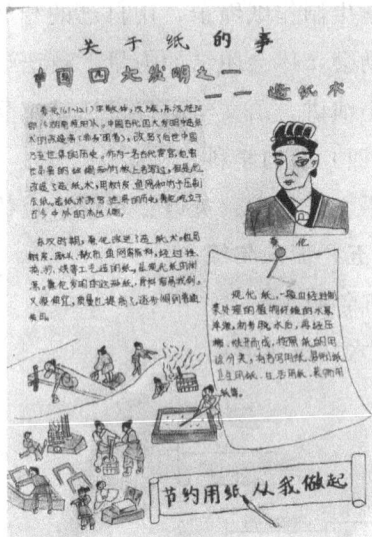

（3）美术课"绘制书签"，通过用自己制作的再生纸创作书签，体会再生纸的特殊性，感受做事认真与精细的必要性，同时培养创造力，提高审美能力。

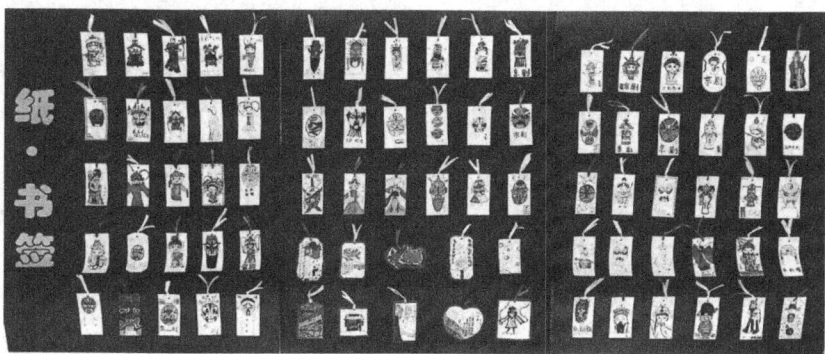

（4）道德与法治课"学习纸的历史"，增强民族自豪感。

（5）体育课"纸运动会"从纸的收集到比赛用品的制作到现场竞技，积累生活经验，培养健康生活方式。真正体会到：世界上没有垃圾，只有放错位置的宝藏。

（6）英语课"弘扬中华传统文化"，让学生做"纸文化"讲解员，介绍纸的相关知识，提高英语口语能力，弘扬中国传统文化。

（7）劳动与技术课"制作纸跳绳"，给予学生自主探究的空间，发挥创造力，动手实践，体验纸的魅力。

（8）数学"纸中的数学问题"，分析纸相关知识中的数学问题，感受数学在生活中的应用。

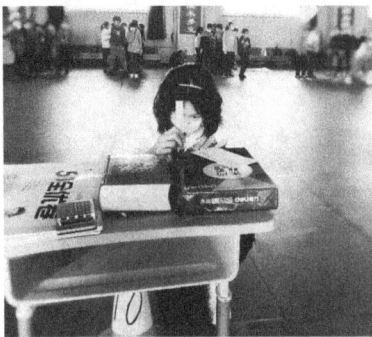

（9）语文课"纸课程感受"，针对某个环节或整个课程写活动感受，针对再生纸的制作过程谈自己的失败或成功经验，分享自己制作书签的过程和想法，针对数学课的相关数值计算或思维导图、数学小论文等谈自己的感受，总结整个纸课程的学习收获。

（八）实施过程（具体内容、图片、核心事件）

1. 第一阶段：头脑风暴确定研究目标

（1）针对"纸"进行头脑风暴，分类整理内容，确定研究方向。

（2）依据研究方向，制定研究目标。

（3）明确研究路径，各学科针对目标明确课程任务。

2. 第二阶段：各学科分工合作探究课程

各学科分工合作从纸的科学、纸的文化、纸的美丽、纸与运动等内容进行多学科融合的课程探索，在实践中让"学"更加生动。

（1）纸的科学

发现生活科学，动手探索快乐。科学课上，老师向孩子们展示了神奇的再生纸以及它的制作过程。孩子们收集废弃纸张，将其在水中浸泡并搅拌，然后在丝网上滤出一层纸浆、晾干，最后成功地制作出了再生纸。

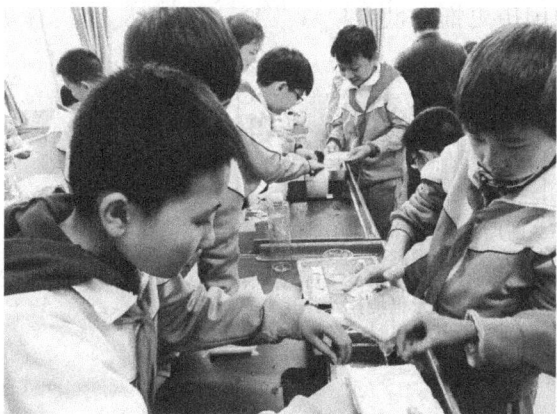

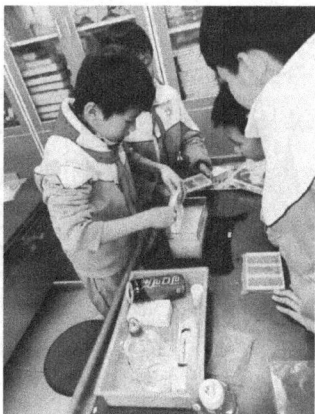

（2）纸的文化

纸的历史、纸的性质、纸的分类、纸的影响、纸的成语、纸的诗文，孩子们自由组合、团队协作，确定研究方向，搜集整理材料，成果展示交流，将"纸"的前世今生娓娓道来。《我是一张纸》《我和纸的故事》等节目分享了孩子们造纸的过程，并呼吁大家节约用纸、低碳环保。以学生为小讲师的语文课，展现了一小学子的学习力、表达力、创造力！

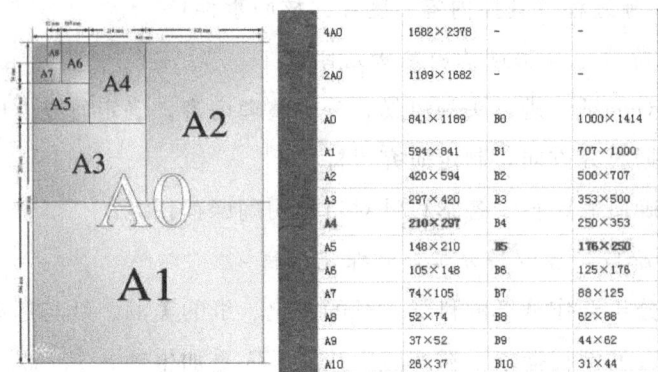

4A0	1682×2378	–	–
2A0	1189×1682	–	–
A0	841×1189	B0	1000×1414
A1	594×841	B1	707×1000
A2	420×594	B2	500×707
A3	297×420	B3	353×500
A4	210×297	B4	250×353
A5	148×210	B5	176×250
A6	105×148	B6	125×176
A7	74×105	B7	88×125
A8	52×74	B8	62×88
A9	37×52	B9	44×62
A10	26×37	B10	31×44

（3）纸的历史

以"纸的历史"为主题的道法课，介绍了纸的发明、发展、传播历程，孩子们和"纸"一起旅行，感受着中国文化的博大精深。

用英语介绍纸的种类，造纸的材料及过程，弘扬中华传统文化。一份份思维导图，一张张手抄报将中国历史推向世界！

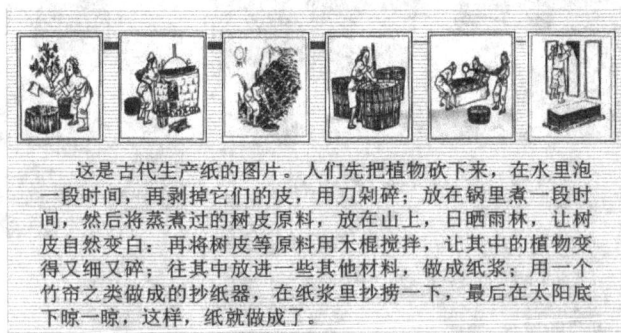

这是古代生产纸的图片。人们先把植物砍下来，在水里泡一段时间，再剥掉它们的皮，用刀剁碎；放在锅里煮一段时间，然后将蒸煮过的树皮原料，放在山上，日晒雨林，让树皮自然变白；再将树皮等原料用木棍搅拌，让其中的植物变得又细又碎；往其中放进一些其他材料，做成纸浆；用一个竹帘之类做成的抄纸器，在纸浆里抄捞一下，最后在太阳底下晾一晾，这样，纸就做成了。

现代科学进步了，人们就利用机器来代替人工，不仅省时省力，同时还生产出各种精美的纸类产品，带给我们生活上许多便利。

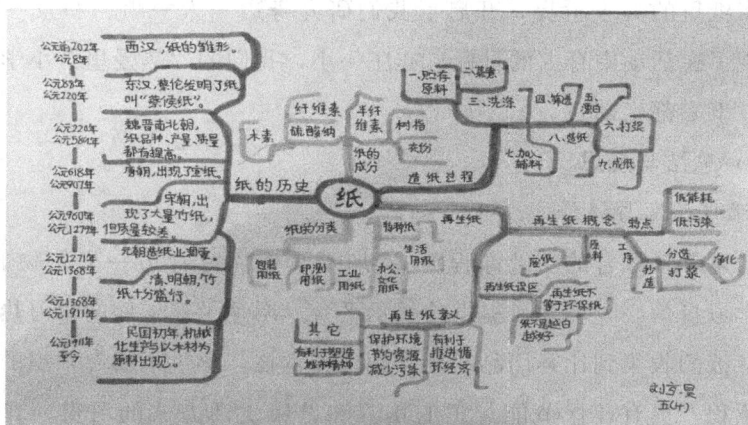

（4）纸的美丽

"纸的美丽"在美术课上得到了淋漓尽致的展现，各种颜色、厚度的纸张，在孩子们的巧手中变成了一幅幅精美作品！其中，孩子们制作的再生纸书签，精心的构图、细腻的手法，更是令人惊叹。

一张张独特的书签，蕴含着"智慧"与"技能"，赋予了废旧材料全新的意义！这精美的作品，将伴随孩子们开启愉快的阅读之旅！

（5）纸与运动

"纸"运动会，让数学"动"起来！跳"纸"绳、贪吃蛇、花样接力跑，锻炼了孩子们的身体柔韧性及小组合作能力。一张报纸多人站立游戏，让孩子们的心贴得更近了。另外，"比一比谁的A4纸'圈'住的人多""一张纸最多折几层"等游戏，将数学与运动融为一体，让孩子们走进生活中的数学。

一张纸里的大千世界，开启了我们研究身边一人一事、一景一物的大门，实现了在活动中育人的目标！亦庄一小，我们的"热爱里"小学，处处皆风景、事事都生动。

（九）总结与反思

1. 课程效果与评价

这次多学科融合的"纸课程"，增加了学生探究身边一事一物的机会，增强了学习自信心，多学科提供的展示平台，调动了孩子们的学习热情。纸运动会从纸的收集到比赛用品的制作到现场竞技，学生不仅有知识的获得和经验的累积，更有环保节能意识的培养和健康生活方式的习得，真正体会到：世界上没有垃圾，只有放错位置的宝藏。通过活动培养了学生发现问题、解决问题的能力，促进了学生观察能力、创新能力的提高。

2. 课程反思

这次课程活动，主题贴近学生生活，学科涉及面广，形式多样，调动了学生的求知欲、探究精神，收到了良好的效果。回顾整个探究过程，笔者深深地感受到研究的主题来源于学生，探究的内容具有选择性、知识融入活动之中，都是活动取得成功的必备因素。实践的反馈，也显示以下两点需要加强：一是课程规划要更早一些，这样特殊学科能筹备得更充分（例如：美术需要科学课制作好再生纸，才能进一步创作）；二是各学科之间融合度还可以提升，提高课程的效率。

案例二：走进春天

（一）课程背景与目标

1. 课程背景

冬去春来，和风送暖，鸟语花香，一切都欣欣然地张开了眼，大地充满了生机。春天是一首优美的诗，春天是一幅美丽的画，春天是一曲抒情的乐章！春就是万物生长，万物复苏，生的意思。春，代表了无限生机。春夏秋冬四个季节，春为首，按易经所说春乃轮回的开始。春天是人奋发图强的开始，春天是人们努力拼搏的开始，春天是所有生物的成长开始！古今中外，多少文人墨客，用诗词画意描绘春天的景物，抒发对春天的情怀。我们的校园也到处洋溢着春的气息，但由于全球气候暖化等诸多要素的影响，对于季节的感受，孩子们并不是特别清晰，而且很多孩子身处城镇，接触大自然的机会也大大减少。随着孩子年龄的增长，学生的感知和认识能力逐步从具体走向了抽象，从单一走向了连贯，从一个角度走向全方位地感知事物发展的全过程。如何引导学生发现春天、欣赏春天、赞美春天，值得我们思考。

2. 课程目标

通过设计春天的研究性学习，让学生去感受春风，沐浴春雨，欣赏春天带来的勃勃生机，从多角度挖掘春天的信息（如描写春天的诗歌、故事、谚语、对联、歌曲、音乐、图画、影片等），感受春天的美，让学生学会用心感受，学会留心生活。

发现春天、感悟春天的活动目的旨在让孩子在课程研究的活动过程中走进春天，发现大自然在春天发生的美妙变化，感受春天的美。通过小组成员的协作互助收集有关描写春天的资料，可以是描写春天的诗歌、故事、谚语、对联，也可以是关于春天的歌曲、音乐、图画、影片等，增大学生课外知识量，开发返璞归真大语文教学观，从多渠道培养学生人文素养。通过查阅资料、调查访问、上传资料、网站建设、展览交流、成果报告会等一系列活动来达到目标。

（二）课程核心素养

主题课程的核心素养，在新课标下体现在课程统整过程中，学校以国家课程标准为逻辑起点，探索基于课程标准的教学设计、学期课程纲要的编制、学段整体方案的设计，构建了校本化的目标体系和质量标准体系，建立了课程标准教材与教学之间的联系，进行了学科内整合、多学科整合、跨学科整合、超学科整合，培养了学生适应未来社会所需的必备品质和关键能力。不断改进课程形态、开放课堂、调整课时、研发课程、变革制度，使课程整合真正促进学校办学水平的提升、教师的专业化发展与学生的个性成长。

学科内整合。这类整合主要指对国家课程校本化实施的改进，在原有学科"单元教学目标"统整的基础上，从语文、数学、外语等学科着手，围绕学情对教材进行纵向梳理，并借鉴其他版本教材之优势，统整确立"单元主题课程"。学科内整合强调在学科课程中构建纵向和横向的联系。纵向指的是构建起从一节课到一个单元、一个学期再到整个学段的逻辑知识体系，横向则指在学科之间、课程与学生的生活之间建立起有机联系。

多学科整合。目前普遍采用的分科教学，存在学生学到的知识较为割裂、联想空间受到限制等问题。如何让课程在有限的时间内提质增效？如何打破学科固有界限，强化课程要素之间的内在联系？为解决这一系列问题，学校注重强化学科间的整合力度，关注知识的应用，强调内容的广度，尝试多学科、多教师、多课堂围绕同一主题进行聚焦式整合，以达到"1＋1＞2"的目的。例如，学校开展美术与语文、数学、音乐、道德与法治等其他学科间的主题式统整，围绕"春天"这一主题，寻找出相关学科内容，并针对交叉的知识点设计课程活动。

超学科整合。超学科整合是一种全景式的全科教学，围绕学生的关注点重组课程。这类课程超越了学科边界，在学科素养基础上更强调培养学生适应未来社会生活的关键能力和必备品质。例如：学校综合实践教师引导学生从生活中发现问题，基于学生需求开发了"我在社区您来评"综合实践主题课程，让学习超越了教室的限制，从学校走向社区。

（三）单元主题课程设计

核心素养导向下的"大单元教学"设计，"春天"主题课程以大主题或大任务为中心，二、三、四年级各学科教师对学习内容进行分析、整合、重组和开发，形成具有明确主题、目标、任务、情境、活动、评价等要素的一个结构化的多种课型的统筹规划和科学设计。

本次研究的最终成果会以调查报告、观察日记、朗诵、歌唱、图片展、故事会等形式，在成果报告会上展现给大家，并集合各小组的研究成果，通过课题网站的建设，上传资料、展览交流，与其他班级的同学乃至家长，共享资源、分享成果。通过设计本次"春天"课程的研究性学习，让学生去感受春风，沐浴春雨，欣赏春天带来的勃勃生机，从多角度挖掘春天的信息（如描写春天的诗歌、故事、谚语、对联、歌曲、音乐、图画、影片等），感受春天的美，让学生学会用心感受。

（四）面向学科

语文、数学、英语、音乐

（五）面向年级

二年级、三年级、四年级

（六）思维导图

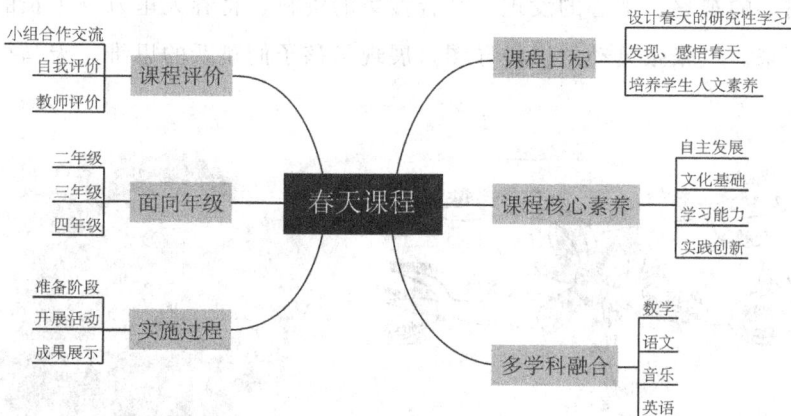

（七）课程任务

通过本次研究性学习，搜集有关春天的资料，制定小组研究方案，并按照自己的活动方案进行调查研究，克服困难，最终取得属于自己的研究成果：知识的获得、美的享受要靠自己的实践得来。在此过程中，让学生亲身体验学习的乐趣，探索和丰富课外知识，开阔视野，培养创新精神、实践能力和终身学习能力，提高学生的艺术鉴赏能力和人文文化素养。通过"互通信息"，变"收集"为"博取"，在合作中形成共识，在小组交流中达到资源共享，通过网页浏览掌握计算机基本操作知识和技能。这样，学生在活动中不仅能体味春的自然之美，更能体验到人性之美。

本次研究的最终成果会以调查报告、观察日记、朗诵、歌唱、图片展、故事会等形式，在成果报告会上展现给大家，并集合各小组的研究成果，通过课题网站的建设，上传资料、展览交流，与其他班级的同学乃至家长，共享资源、分享成果。

通过设计本次"春天"课程的研究性学习，学生去感受春风，沐浴春雨，欣赏春天带来的勃勃生机，从多角度挖掘春天的信息（如描写春天的诗歌、故事、谚语、对联、歌曲、音乐、图画、影片等），感受春天的美，让学生学会用心感受。

（八）实施过程

1. 第一阶段：阅读自然

（1）开展阅读课程，阅读春天，感悟生命成长的秘密。三年级的孩子们通过耐心的观察、细心的发现，结合搜集的资料，将春天里万物生长的特点记录下来。一张张灵动的思维导图，展现了孩子们跳跃的思维、天马行空的想象。

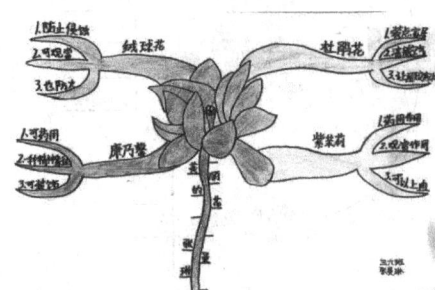

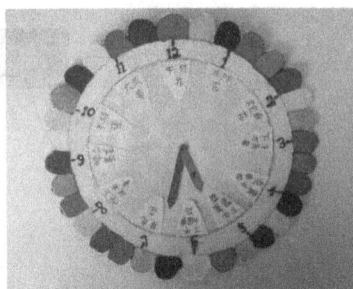

（2）每一个孩子都是春天里的一朵花，每一个孩子都有属于自己的春天。最是春里，一起阅读孩子，阅读大自然！读一本书，读一个人，读一年四季。阅读延展了生命的广度和厚度，阅读春天这首诵不完的诗。在春天，赏春光、诵春景、作诗歌……大家都在用不同的方式记录春天的故事，享受当前的无限美好。

2. 第二阶段：自然里的课堂

（1）在学校课程教学中心的安排下，四年级的师生们来到亦庄凉水河滨河公园，找寻春天的足迹，探索发现春天的秘密。学生认真地观察美景，用手里的画笔将美景记录下来。留心观察、发现美好、想象世界，在大自然的课堂里孩子们得以亲身实践。

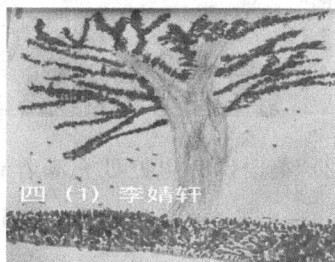

（2）拥抱春天，唱响春天。孩子们唱出对祖国母亲的爱，对美好生活的向往。

（3）走进大自然这个色彩斑斓的课堂，孩子们解剖花朵，学习花的结构，更加深入地了解花。

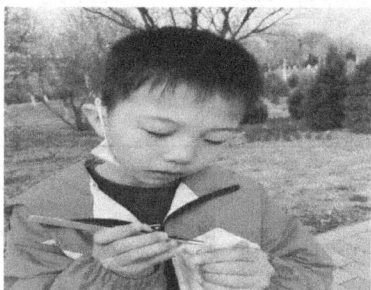

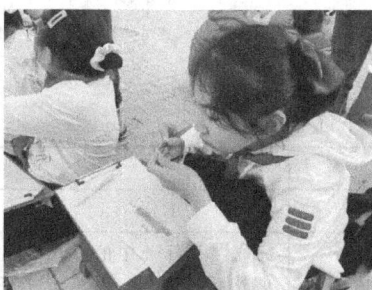

3. 第三阶段：放飞童年的纸鸢

（1）二年级的孩子们拿上亲手制作的纸鸢，前往凉水河畔。

（2）英语课程也处处充满着春天的声音。孩子们用英语配音表达对春天的感受——花儿的芳香，大树的新绿，小鸟的欢唱……春天的故事也能从孩子们的英语配音秀里说起。

（3）孩子们把自己看到的、听到的、闻到的、摸到的，都浸润于笔墨，汇于笔尖。

4. 评价量规表

项目	分数		
	1分	2分	3分
课程任务完成情况	完成课程任务中的一项任务	完成课程任务中的两项任务	完成课程任务中的三项任务及以上
分工合作	由少数组员完成所有工作	所有组员都有参与，但分工不明确	分工合理，合作顺畅
汇报展示	单人展示，表述不够清晰	两人展示，表述较清晰，合作较顺畅	多人展示，分工合理，合作顺畅，表达清晰

（九）总结与反思

通过开展主题活动，使学生对春天有一定的认识和了解，对活动前的一系列问题都得到圆满的答案。同时他们的想象力及各种表达能力出现飞跃发展的趋势。本次主题活动，我们给学生提供了一个全面、完整地感知认识春天特征的平台，让学生通过音乐、美术、语言、科学、社会等各科活动，感知比较春天时大自然中各种事物的变化，全面感受春天的花、草、树木以及各种天气的主要特征，了解春天变化的顺序，并感受春天的变化对人们活动的影响。

活动开展过程中，我们还结合主题进行了主题墙饰的布置，在主题墙上，我们布置了嫩绿表示春天，在色块里写上"春天"，有春天的花园。孩子们收集来春天的资料，各自喜欢春天的理由，照片、图片、实物使他们对春天更有了一个感性的认识，同时也更完整全面地感知春天的变化和特征。有生活经验才会有创造、探索，引导学生把已有的知识经验转化为更加形象、直观的感悟。除了鼓励孩子们积极大胆地运用多种媒体，在有暗示的环境中加以验证，是我们支持学生进行探索的重要体现。根据孩子们的年龄特点，我们在区域中投放了适合孩子发展的材料，充分发挥环境、材料的互动、教育价值。孩子们不由自主地把已有的知识储备与实际有机地结合起来，使探索更贴近生活。随着主题活动的逐步深入开展，我们继续提供适宜的活动材料，运用环境的暗示，支撑学生的自主探究开放性的环境创设，孩子们在自主探索的学习过程中，发现问题时，老师及时点拨，每个孩子都在活动中体验成功与喜悦。

案例三：走进秋天

（一）课程背景与目标

1. 课程背景

《义务教育课程方案（2022 版）》指出："加强课程内容与学生经验、社会生活的联系，强化学科内知识整合，统筹设计综合课程和跨学科主题学习。注重培养学生在真实情境中综合运用知识解决问题的能力。倡导"做中学""用中学""创中学"，促进学生举一反三、融会贯通，加强知识间的内在关联，促进知识结构化。"基于以上新课标传达出的教育理念，基于秋天在大自然中的独特性及丰富性，我校教师在各年级开展丰富多彩的"秋天"主题课程，各年级师生基于学科、年级特点，结合校内外资源，让儿童亲近大自然，用他们的视角寻找秋的故事，发现秋的色彩，感受秋的馈赠，分享秋的温暖，创造秋的美丽。以大自然为教科书，去感知世界的神奇，发现美，欣赏美，记录美，创造美。

2. 课程目标

（1）通过研学、表演、汇报等多样的活动，在真实情境中感知秋天的美，触发学生发现美、欣赏美的情感能力。

（2）依托语文、数学、美术、科学、音乐等多个学科的知识与技能表现秋天、了解秋天，培养学生在真实情境中综合运用知识解决问题的能力。

（3）在教室或户外利用绘画、手工、摄影、写作、泥塑等多种方式表现秋天的美，激发学生的创造力、想象力、表达力。

（4）"润物细无声"地让学生培养起热爱大自然、感恩大自然的生活理念。

（二）课程核心素养

通过加强课程内容与学生经验、社会生活的联系，强化学科内知识整合，统筹设计综合课程和跨学科主题学习。结合语文学科中的文学形式、数学中的周长知识、劳动中的动手实践、美术中的创作形式、音乐中的歌舞，并结合英语知识，培养学生的语言运用、科学探究、审美创造能力。

（三）单元主题课程设计

核心素养导向下的"大单元教学"设计，以"秋天"为主题的课程，以大主题为中心，年级组、学科组对"秋天"的学习内容进行分析、整合、重组和开发，形成具有明确的主题、目标、任务、情境、活动、评价等要素的一个结构化的具有多种课型的统筹规划和科学设计。语文学科以节气知识、秋日诗词等活动了解秋天、表现秋天；数学学科利用算周长等任务，了解秋天的落叶、树干等；美术学科通过绘画、手工、摄影、泥塑等多种形式记录秋天、创造秋天；音乐学科通过歌舞表演表达对秋天的喜爱；科学学科则利用秋天的花草瓜果，认识大自然；劳动学科通过认识五谷、研学等真实情境深入了解秋天。

（四）面向学科

语文、数学、美术、音乐、科学、劳动

（五）面向年级

小学各年级

（六）思维导图

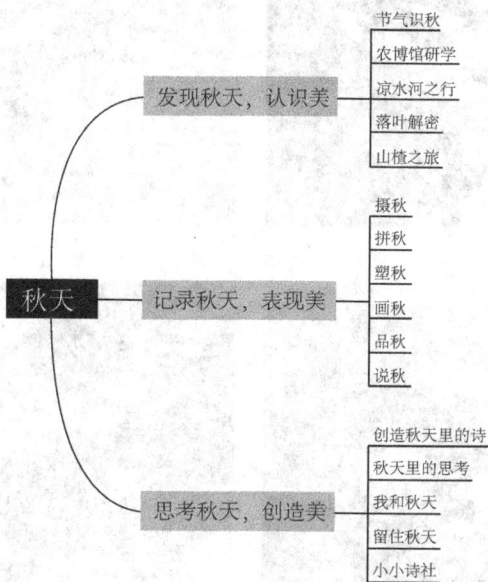

（七）课程任务

主要通过发现秋天、记录秋天、思考秋天三个环节，走出教室，直接亲近大自然中的秋景，并依托语文、数学、美术、科学、音乐等多个学科的知识与技能，在教室或户外利用绘画、手工、摄影、写作、泥塑等多种方式，通过研学、表演、汇报等多样的活动，了解大自然在秋天呈现出的特征，让学生从多学科、多角度去认识秋天、感受秋天、表达秋天，体会大自然的奥秘，让学生们不仅有知识的获得、经验的积累，还能在实践中提升学习力、表达力和创造力。

（八）实施过程（具体内容、图片、核心事件）

1. 第一阶段：认识秋，发现美、欣赏美

（1）节气识秋

通过公众号及班会，介绍立秋，分享立秋收获、立秋校园、立秋诗词、

立秋故事、立秋学堂。立秋是秋季的第一个节气，古人概括的立秋物候是
"一候凉风至，二候白露生，三候寒蝉鸣"。

立秋收获：

立秋校园：

立秋诗词：

自古逢秋悲寂寥，我言秋日胜春朝。

晴空一鹤排云上，便引诗情到碧霄。——（唐）刘禹锡《秋词》

不觉初秋夜渐长，清风习习重凄凉。

炎炎暑退茅斋静，阶下丛莎有露光。——（唐）孟浩然《初秋》

远上寒山石径斜，白云生处有人家。

停车坐爱枫林晚，霜叶红于二月花。——（唐）杜牧《山行》

立秋故事：

在凉风习习的立秋时节，亦庄一小的孩子们和父母一起讲立秋故事。

立秋学堂：

说一说立秋的来历

讲一讲"立秋三候"

聊一聊立秋的习俗

谈一谈立秋与健康

学一首立秋的诗词

拍一拍立秋的风景

（2）农博馆研学之行

亦庄一小一年级的孩子们通过农博馆开启研学之行走进秋里，去探索发现丰收背后的秘密。在秋里，有中国农业文明的成果，有默默辛勤耕耘的精神。

先学后研：

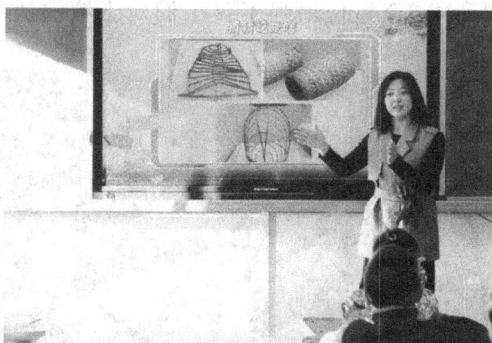

探秘之旅：

体味中国农业文明，孩子们不仅看到了传统农业的面貌，也了解了近代农业的特点，体会到了当代农业科技的进步。

　　观看中国传统农具，孩子们在惊叹中国劳动人民智慧的同时，也了解了农业生产的具体工序。

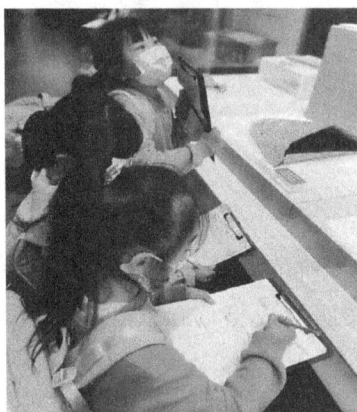

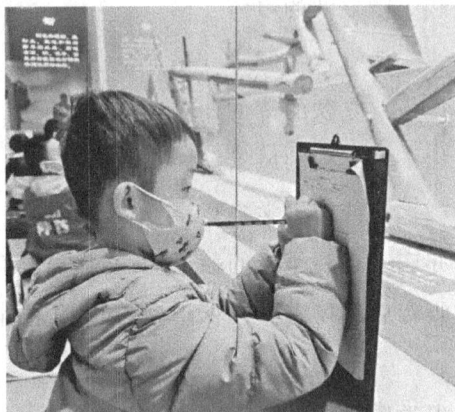

　　观察中国土壤标本，全方位增强了孩子们对土壤的认知。

《百年伟业 三农华章》主题展，展现了一百年以来中国共产党带领亿万农民从翻身得解放到脱贫奔小康的光辉历程。

研后再学，孩子们畅所欲言，讲述研学所得。

（3）凉水河之行

秋日午后，亦庄一小二年级全体师生前往凉水河边与自然互动，开始一场与秋天的"邂逅"之旅，孩子们选择自己喜欢的图案，画出轮廓，仔细地裁剪，以学校、街道、凉水河公园等环境为背景，在镂空画里感受事物关联，寻找秋里的朋友、秋里的童话、秋里的颜色、秋里的味道。

（4）观察落叶

在科学课上，经过老师的指导，运用各种感官感受树叶的特征。仔细地看它的形状和颜色；用心地听它发出四季的声音；努力地嗅它吸收日月精华后的芳香；轻轻地触它错落有序的脉络；大胆地尝它或甘或苦的味道。通过观察比较各种各样的叶，孩子们认识到植物的叶各有不同，每一种叶在形状、大小、颜色等方面都具有自己的特征，就好比我们自己，都是一个独特的个体。

（5）凉水河之行

亦庄一小六年级的孩子们来到凉水河畔，进行秋日里的探究，通过秋日的昆虫、秋日的果实、秋日的河流、秋日的植物、秋日里的圆，感受四季的流转给生物带来的变化，感受生命的坚韧与力量，感受自然中的科学知识。

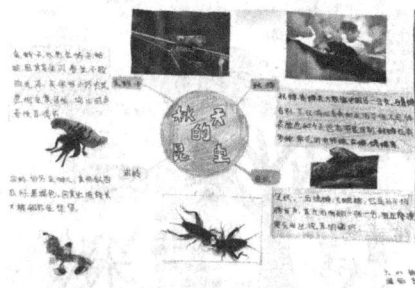

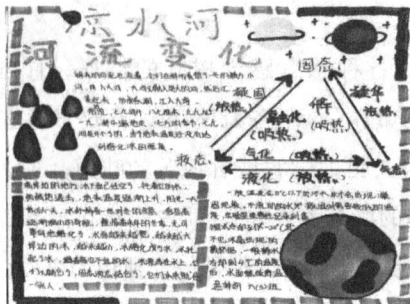

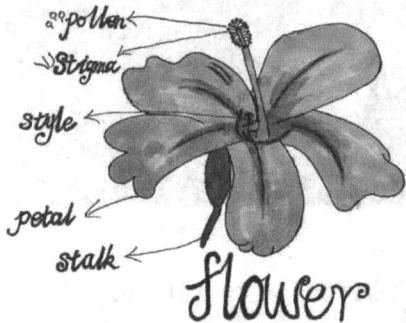
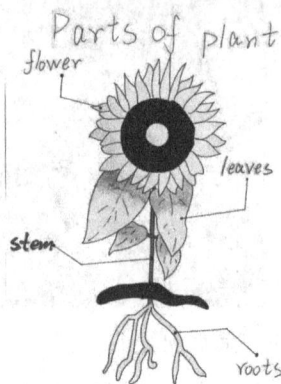

（6）走进秋日果实——山楂

亦庄一小四年级老师带孩子们走近山楂树，通过摘山楂、讲山楂、画山楂、做山楂、写山楂、品山楂，深入了解山楂果，开启酸酸甜甜的山楂课程。

第一阶段评价量规表

项目	分数		
	1分	2分	3分
认识秋天	不能说出秋天的相关知识	说出少量秋天的相关知识	说出较多秋天的相关知识
分工合作	由少数组员完成所有工作	所有组员都有参与，但分工不明确	分工合理，合作顺畅
汇报展示	单人展示，表述不够清晰	两人展示，表述较清晰，合作较顺畅	多人展示，分工合理，合作顺畅，表达清晰

2. 第二阶段：记录秋天，表现美

（1）拍摄秋天

亦庄一小三年级的优秀美术教师——张晔，为大家带来摄影学习盛宴，孩子们在老师的指导下，拿起相机，去发现秋的那些美好。

（2）多种形式记录秋景

亦庄一小美术组老师和孩子们一起出发，发现、探索秋天的美，在老师的指导下，孩子们拼秋、塑秋、画秋、品秋、说秋，记录下秋天独特的美。

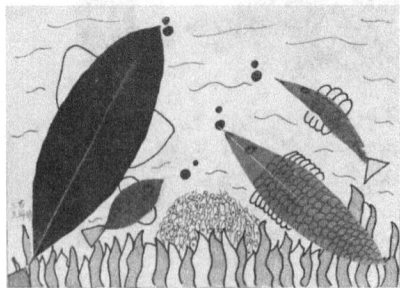

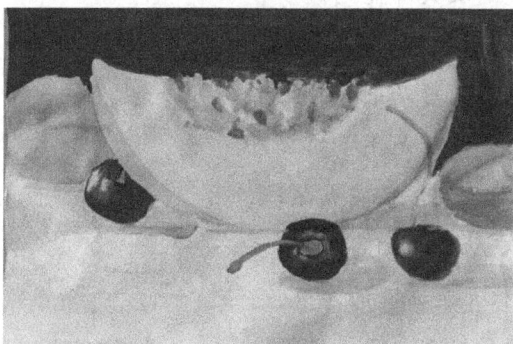

第二阶段评价量规表

项目	分数		
	1分	2分	3分
记录秋天	不能用任何方式记录下秋天	能用 1—2 种方式记录秋天	能用多种方式记录秋天
分工合作	没有分工合作	所有组员都有参与，有简单的分工合作	分工合理，合作顺畅
汇报展示	单人展示，表述不够清晰	对所用方式及所记录的秋景展示较完整，说明较清晰	多人展示，分工合理顺畅，对所用方式及所记录的秋景展示完整，表达清晰

3. 第三阶段：思考秋天，创造美

（1）创作秋天里的诗

秋天的收获

六 2 班　麻跃

红色与黄色，

绿色的模样已无处可寻；

收获却荒芜，

盎然的景象已悄然离去。

荒芜，背后是来年的生机；

收获，背后是年年的努力。

在秋天，果实成熟；

在秋天，稻谷丰收；

秋天是潇洒的季节。

秋风飒爽，云淡风轻；

瓜果成熟，五谷吐穗；

秋天是收获的季节。

走近秋天，聆听自然，

你必然会收获许多。

珍惜短暂的秋季时光，

不要去想冬天的悲惨，

珍惜宝贵的今天，

不空想明天，

不怀念昨天，

让生命成为那绚丽的一抹红！

拥抱秋天

六 2 班　冯佳一

悄悄地，

悄悄地，

秋天近了。

秋天正悄然改变着世界，

他化身成为画家，

将树叶焕然一新，

他也可以变身为温度管理员，

让四季温差有了变化。

他还能化身为老板，

让太阳早早下班儿，

让月亮多用自己的光明照亮世界。

他最擅长的是化身天气管理员，

让累坏了的夏雨减少工作次数，

让我们外出寻找秋天的足迹，

感受秋天，拥抱秋天。

秋

六4班　车笑妍

秋日树下落叶飘，

微风轻拂天气凉。

瓜果蔬菜丰收忙，

农庄园里果散香。

窗外田野览风光，

向日葵花向朝阳！

观　秋

六4班　时文萱

观秋来至，景色怡人。

予游林，秋至林中。

观秋景，

河中水荡漾，

秋风舞瑟起，

秋风为水嬉。

林中清幽，

宛如仙境。

林中须待满树霜，

秋高气爽。

（2）秋天里的思考

六年级的小记者们采访孩子们眼中的秋天，"秋天的声音""秋天的味道""秋天的美景""秋天的思考"，小记者们从四个板块进行采访，感受秋天独特的美。

这次活动，让我体会到了秋天的淳朴香甜，枫叶的火红，像王维的那首诗一样：远上寒山石径斜，白云生处有人家。停车坐爱枫林晚，霜叶红于二月花。让我感受到草的清新、沙果的甘甜。——六 2 班 张晴朗

我感到十分自由，在草地上奔跑，在树林中穿梭，闻着植物的清香，感受着秋风的洗礼。在这里，我观察秋天、感受秋天，体会自然的美，感受四季中最靓丽的色彩——秋天。同学们在草地上跑来跑去，追逐嬉戏，似乎也和秋天融合在一起了。——六 2 班 赵博涵

今天我们走进了秋天，和同学一起享受秋天。在秋日的暖阳下我们开启了活动。我感受到了秋的美，知道了在同学眼中秋天的味道到底是什么，在他们心中哪个味道印象最深。同时，我也了解了秋天的风景是多么迷人，秋天的声音是多么轻灵。——六 2 班 黄麒智

这是我第一次当主持人，我很紧张，也很开心。我们在凉水河旁的草地上主持，天很冷，但我没有退缩。我站在那里，手心里已经汗珠滚滚。我静静地等待着，心里默数，五、四、三、二、一、开始！我们顺利完成了录制，心里无比开心。——六 2 班 班韩紫

我可以通过温度来判断是不是秋天，秋天树叶会变黄和掉落的原因是秋天温度较低，光照较弱，导致叶子里的叶绿素减少，叶绿素比叶黄素少，所以树叶会变黄。在秋天温度逐渐降低、硕果丰收、植物枯萎、昼短夜长……——六 4 班王俊奇

秋天，天气凉爽，树叶从绿色变成了黄色，整个世界也变成黄色。夏日茂盛的大树上，一些树叶开始慢慢枯萎、掉落。目光所及，每棵树都变得枯黄，好像变老好几岁。从中我感受到生命的珍贵，"一寸光阴一寸金，寸金难买寸光阴！"我们要珍惜时光，珍惜当下。——六4班 李艺轩

（3）我和秋天

亦庄一小三年级成立了"我和秋天"项目课程组，多学科教师与学生们一起走进秋天。项目一包含齐声话秋、舞动赞秋、童音唱秋、巧手捏秋、五谷知秋、妙尺量秋和落叶绘秋七个部分，让学生从多学科、多角度去认识秋天、感受秋天、表达秋天。

①齐声话秋

三年级语文教材的第二单元以"金秋时节"为主题，编排了《秋天的雨》和《听听秋的声音》等课文，从不同角度展现了秋天别样的风景。学生通过演讲、朗诵、讲故事等形式表达了对秋天的热爱之情。

②舞动赞秋

在亦庄一小三年级孩子们的舞蹈课上，孩子们用优美的舞姿来表达着喜悦的心情，他们学着农民伯伯的样子来收玉米。

③童音唱秋

秋天是一个美丽的季节，秋天更是个快乐的季节。孩子们学习有关秋天的歌曲，从美妙的音符中发现生活中的美，用优美的歌声、舒展的律动来赞美秋天。

④巧手捏秋

秋天是一个丰收的季节。在劳动课上，孩子们借助塑泥材料，通过捏、揉、搓、粘等方法，动手制作秋天的果实。在实践中，学生们积极思考、发挥想象、大胆创造，呈现大量富有创意的作品。

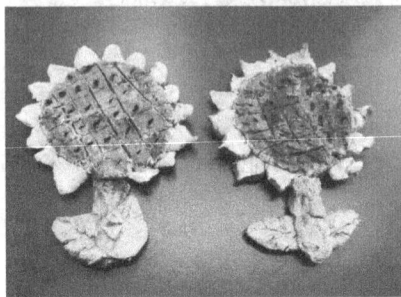

⑤五谷知秋

看一看颜色、摸一摸软硬、闻一闻气味，科学课上，孩子们的多种感官被调动起来，对五谷形成了充分的认识。在此基础上，学生们还充满创意，用五谷作画。

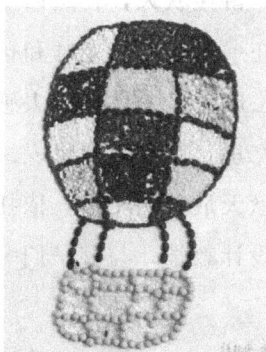

⑥妙尺量秋

老师带领学生们到校园各处拾捡形形色色的树叶，用学具量一量、围一围、画一画，探寻叶子的周长。概念与实物的结合，使抽象的图形具体化、难懂的概念清晰化、复杂的问题简单化。

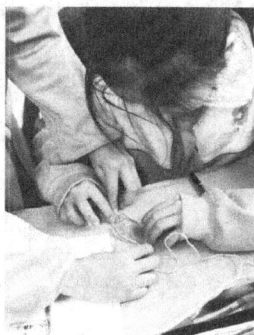

⑦落叶绘秋

美术课上，一幅幅拓印画、叶子画在孩子们的巧手中诞生了。

（4）留住秋天，在童话里

亦庄一小三年级老师和孩子们学习童话单元，寻找秋的故事，带领孩子们用心去欣赏、去体会、去感受、去想象不一样的秋天，将最美的"秋天"留在记忆里，写进童话里。

找秋天最美的童话，依托本学期教材单元设计，语文教师们结合"秋"的特点设计教学，与孩子们一起围绕"童话"单元主题，创编秋天里的童话故事。

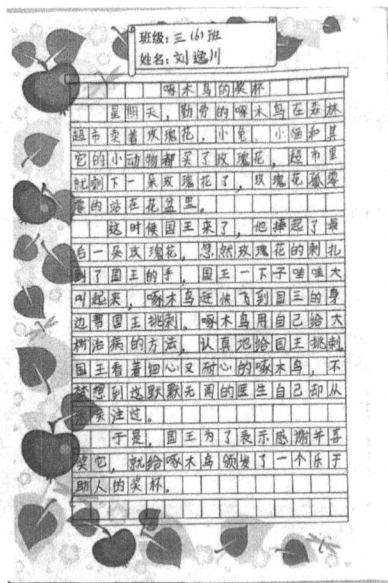

创绘五彩缤纷的秋天，用勤劳的双手留下秋天最美的色彩。美术课上，张老师带领孩子们用秋天五颜六色、形状各异的树叶创作童话故事的图片情境。

秋色点缀魅力校园，在语文、数学、美术多学科的融合课程中，孩子们更加深入地认识了秋天，也用自己的方式记录下了最美的秋天，为校园增添一份别样的色彩。

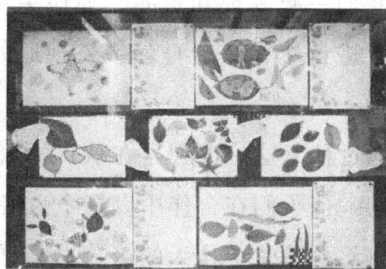

（5）小小诗社

"画家"们创作秋，想给杂志添上绚丽的色彩；"作家们"描写秋，想给杂志带来文学的滋养；"摄影师们"拍摄秋，想帮杂志定格美丽的瞬间。

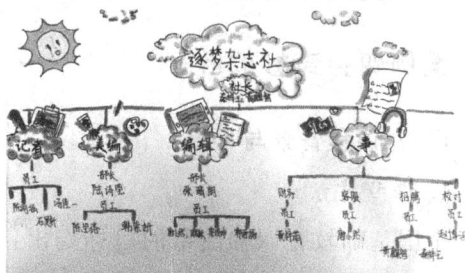

第三阶段评价量规表

项目	分数		
	1分	2分	3分
思考秋天，创造美	不能用任何方式创造自己眼中的秋天	有简单的思考，并用1—2种学科知识创造自己眼中的秋天	有自己的思考，并用多种学科知识创造自己眼中的秋天
分工合作	没有分工合作	所有组员都有参与，有简单的分工合作	分工合理，合作顺畅
汇报展示	单人展示，表述不够清晰	对所用知识及所创造的作品展示较完整，说明较清晰	多人展示，分工合理顺畅，对所用知识及创造的作品展示完整，表达清晰

（九）总结与反思

陶行知说，"生活即教育"。大自然是孩子们最好的老师，在与自然的亲近中，孩子们绽放出最美的创造力。在一小，四季风景，总有那些美好需要我们一起发现和点亮。亦庄一小努力创设在生活中学习的情境，让孩子们走进自然、亲近自然，发现原始的美，在实践中主动探究，让认知不断深化。

通过秋天这一课程，在秋日的探究里，观秋日之景、寻秋日之美、品秋日之韵，孩子们在合作中发挥个人特长，在实践里沉浸式体验，孩子们亲近了大自然，感受了秋天的美，也感悟到了秋天动植物发生的变化。生活在北京大兴，走进我们熟悉的南海子郊野公园、凉水河，把活动、把课堂移到美丽的大自然中，多学科、多角度设计课程，促使学生在这样的实践中知识得到增长、视野得到开阔、情操得到陶冶。在实践中交流，在交流中成长。学习力、表达力、创造力就这样潜移默化地生发、壮大。

案例四：奇妙的叶子

（一）课程背景与目标

1. 课程背景

全国基础教育课程改革的目标指出：树立健康的审美情趣，对自然美、社会美、科学美和艺术美一定的感受力、想象力和鉴赏力。乐于参与各种不同形式的健康的文化艺术活动，进行表现美、创造美的尝试和实践。本门课程重在发展兴趣、热爱自然、热爱生活，从生活中的自然现象出发，探索自然现象背后的原因，寻找自然中的美。

2. 课程目标

课程的三维目标

总体目标	具体目标
情感态度与价值观目标	1. 通过观察各种各样的叶子，对比同种叶子的不同，意识到每个个体都是独特的、不同的。 2. 通过观察树叶从萌发到凋落的过程，体会生命，尊重生命，爱护生命。 3. 通过制作叶画，制作叶签，体会到劳动的快乐，获得大自然美的体验，激发自然美的感受力。

续表

总体目标	具体目标
过程与方法目标	1. 通过观察树叶，学习观察事物的方法：嗅、摸、看、尝。 2. 通过制作叶画，学习美术基本构图。
知识与技能目标	1. 课内学习《秋天》，增长课外阅读《小叶子奇遇记》，拓展积累关于树叶的诗歌。 2. 认识校园内常见的树叶，知道其名称，简单了解其生长习性。 3. 根据叶子的形状对其进行数学角度的分类。

（二）课程核心素养

通过加强课程内容与学生经验、社会生活的联系，强化学科内知识整合，统筹设计综合课程和跨学科主题学习。结合语文学科中的文学阅读形式提升学生的阅读能力和表达能力；数学中的给树叶分类，锻炼学生逻辑推理能力；美术中的创作形式，培养学生美术认知和审美，美术欣赏与表现；最后在科学课中观察叶、分辨叶培养学生学习兴趣以及科学观。

（三）单元主题课程设计

大自然中到处都有让孩子快乐学习的素材。本单元借助于随手可得可见的叶子作为主题，以认识叶子的大小、形状、颜色、纹路，看看不同的叶子有什么不同，培养他们的观察力与分析能力。开展丰富的活动，使孩子多角度认识叶子，领会大自然中植物与人的关系。

（四）面向学科

语文、数学、科学、美术

（五）面向年级

一年级

（六）思维导图

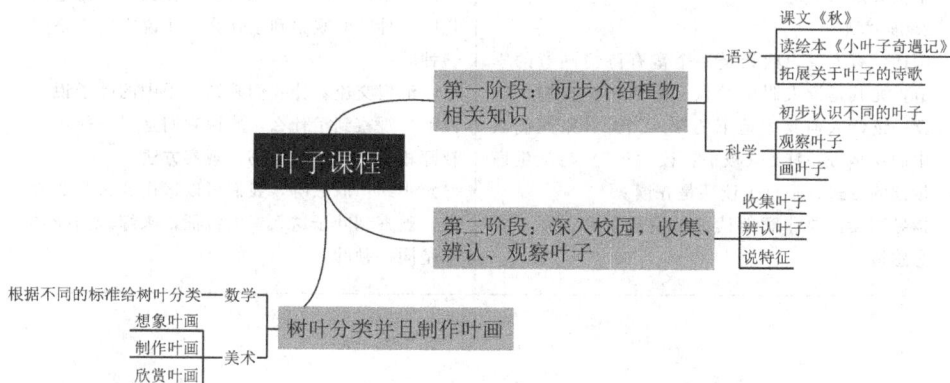

（七）课程任务

通过观察校园内不同的落叶，了解树叶的生长知识，认识不同的树叶，了解它们的名称，了解树叶的生命过程。通过给不同的树叶进行分类，应用数学中分类的知识和思想解决问题，提升分类、整理能力。通过对课文《秋天》、绘本《小叶子奇遇记》以及关于树叶相关的诗歌学习，提升语文文学素养，并且在对树叶的感知中学习，提升学生感知美、发现美的能力。通过叶画的制作，提升学生审美情趣，养成观察美、发现自然中的美的习惯。

（八）实施过程（具体内容、图片、核心事件）

1. 第一阶段

介绍植物相关知识

语文	科学
1. 说"秋" 导入：前几天，我们这里下雨了吗？这场雨虽然不大，却给我们带来了阵阵秋意。秋天来了，你感觉到了吗？（生：感觉到了）这节课，我们就一起来聊聊秋，怎么样？（师板书：秋）先说说你眼中或心中的秋吧！（师板书：说"秋"）谁先来说？（生说自己眼中的秋） 师述：这位同学的描述确实让我们感觉到了秋天，为我们开了一个好头。谁还想发言？ 学生自由说秋天。（生答） 师小结：通过刚才的交流，我发现大家都是生活的有心人，而且观察能力都很强，都抓住了秋天这个季节富有特征的景象，让老师感觉到了秋天是那么地美妙。 2. 读"秋" 师述：有人说，秋天是一个富有诗情画意的季节，尤其是诗人眼中的秋。接下来让我们一起读一读诗人何其芳笔下的秋天，看看跟我们眼中的秋是否一样。（板书：读"秋"）与学生商量读的方式，是自由读还是齐读。 指导朗读：要注意朗读的节奏、重音，并且要有感情。	活动一：初步认识不同的树叶 一、导入 秋天来了，黄叶子飘飘，红叶子飘飘，好像花瓣儿往下掉！今天让我们一起走进美丽的《各种各样的叶》。（板书课题：各种各样的叶）昨天，老师布置让同学们到校园里、大树下捡落叶，你们捡了吗？把你捡到的落叶放到课桌上。 二、探究观察——观察比较叶 1. 数落叶 小组活动： （1）我们一起数落叶吧！数一数，你捡到了几片落叶？这里面有几种树叶呢？ （2）为什么说它们是同一种叶呢？ （3）小组讨论一下，观察到了什么，才说它们是同一种叶？观察到了什么，才说它们不是同一种叶？ （4）汇报交流：让我们来结合手中的叶子说一说吧！观察到了什么，才说它们是同一种叶？教师相机指导，并板书：观察方法。 （5）小结：原来呀，我们可以运用这么多的方法，观察到叶子这么多的特征，来综合判断是不是同一种叶。

语文	科学
	2. 游戏：找朋友 （1）同一种树叶就是一对好朋友，让我们玩一玩给叶子找朋友的游戏吧！ 游戏规则：当老师拿出一片叶子时，请仔细观察叶的形状、叶的边缘、叶的表面情况等，并迅速从你手中找出和老师手中同一种的叶子，把它高高举起。 （2）出示儿歌《找朋友》，师生互动。 三、探究观察——叶子的结构 1. 画树叶 （1）在你捡的落叶中，你最喜欢哪片叶子，就把它画下来吧！ 要求：①仔细观察你喜欢的叶子，注意它的特点，把它画下来。②画大点。 （2）学生活动。 （3）汇报指导：你是怎样画的？和叶子对比一下，是一样的吗？哪些画得是相同的？这就是叶子的基本组成，也就是叶子的结构。哪些画得不一样？你遇到了什么困难？ （4）刚刚有同学说观察到叶片上细小的叶脉看不清。怎么办？老师送给大家一件科学常用到的工具——放大镜，帮大家把叶子看得更清楚些。 师介绍放大镜的操作方法。 请同学们用放大镜观察叶子，再修改、补充你画的树叶吧！（时间3分钟） （5）学生活动，交流展示。 同学们画得真美呀！ 2. 游戏 其实我们的身体上也有一片小叶子呢，瞧，在这呢！你能找出这片叶的叶柄和叶片吗？指一指吧！ 四、介绍你喜欢的叶子 1. 学了这么多，你是不是更喜欢你手中的叶子了呢？快向大家介绍这片你自己最喜欢的叶子吧！要详细描述叶子的特点呀！ 2. 老师也有两种喜欢的叶子，要向大家介绍：王莲、猪笼草。 五、总结 大千世界无奇不有，科学的世界奥妙无穷。大自然中还有许多神奇的叶等着你们去发现去探索。

语文	科学

活动二：阅读绘本《小叶子奇遇记》

孩子们在阅读中进一步体会到树叶的一生，从春天生长到秋天飘落。

小树叶奇遇记的故事：

有一片小树叶和蚱蜢是好朋友，后来因为听蚱蜢说自己要去寻找幸福，于是小树叶也决定离开大树妈妈去寻找自己的幸福，最后她找到了自己的幸福吗？

《小树叶奇遇记》

从前，在一棵大树上，有一片叶子，这片叶子整天自由自在，无忧无虑。

有一天，她遇到了蚱猛，她和蚱蜢玩得很开心，过了几天，蚱蜢说要走了，小树叶舍不得他"为什么要走呢？你在这生活的不是很好吗？"

"我要去寻找幸福。"

"什么是幸福？"小树叶一头雾水。

"其实……我也不知道。"蚱蜢回答道，"但我可以去寻找幸福。"

这个问题让小树叶很奇怪，幸福到底是什么？幸福能去寻找吗？如果能，那幸福到底在哪儿？这几个问题困扰了小树叶好几天，不过，最终，他决定和蚱蜢一起去寻找幸福。"你？"蚱蜢说，"你在做白日梦吧，小树叶你要是长期走路，会导致水分流干的，再说了，你要走，也要经过大树妈妈同意吧。"

"没关系，你别忘了，我可是众多树叶中，大树妈妈最喜欢的一片树叶。"小树叶笑了笑，"只要我说服了她就行了！"

小树叶有一口伶牙俐齿，很快，大树妈妈就放她走了。

小树叶在路上蹦蹦跳跳，一会儿折折花，一会儿踩踩草，很快乐。不过，走了一个上午，小树叶支撑不住了，便让蚱蜢停下来歇一会儿。

"要不我去捧一把泉水给你喝。"

活动二：观察不同的树叶有什么特点，并且用语言描述

有的孩子说，金黄色的银杏叶，像一把扇子，边缘还有波浪形的花边等，引导学生看。

树叶闻起来是土的味道，摸起来觉得它是有纹路的，有些叶子平平的、滑滑的，但是有些也有点扎手……

在介绍几种树叶的时候，还要确定好介绍的顺序和重点，注意详略，并且在介绍不同的树叶时过渡要自然。

树叶的名称-看叶色-辨叶形-摸叶片-闻叶味

梧桐树手掌般的叶子比我的脸还大许多，它们已纷纷转黄，而绿色又不肯全部褪去，几乎每一片叶子都是黄一块绿一块，不规则的相间在一起，形成了独特的斑斑驳驳的美。

银杏叶在初秋还是绿色的。几阵秋风吹过，它开始逐渐变黄，现在已是深秋季节，它变成金黄色的了。我最喜欢那掉在地上的银杏叶，它好像一把小巧玲珑的宝扇，边缘有一条波浪似的花边儿，茎脉也不容易发现，倒过来看，还有点像金灿灿的"小裙子"呢！真妙。

语文	科学
"这主意不错，你去吧！" 蚱蜢回来时发现，小叶子已经干枯了，蚱蜢很伤心，便把捧的水洒在她身上，以后的每一天，那只蚱蜢都会来这边，洒上几捧水，让她不再干渴。就在他洒水的第一百零一天夜里，奇迹发生了，小树叶干枯的地方迅速发芽成长。第二天早晨，她已经长成了茂密的大树，这棵树就是小树叶的化身，树上有一片叶子，居然和原来的小树叶一样，也要去寻找幸福，蚱蜢很纠结，去吧，会"重演历史"，不去吧，就满足不了她的好奇心了，正当蚱蜢犹豫着时，大树说话了："蚱蜢啊，我的朋友啊，你就带她去吧！"蚱蜢思量再三，就跟她一起去了。 在路上，小树叶一会儿折折花，一会儿踩踩草，玩得和原来的小树叶一样快乐！"她的身上还是有几分她的影子啊！"蚱蜢不禁感叹道。小树叶走了一个上午了，有点累了，便让蚱蜢停下来休息一会儿，而蚱蜢可不想"历史悲剧"再在她身上重演，便说："小树叶啊，幸福的寻找是不能停顿的啊！" "为什么不能？" "因为……因为有一片树叶跟你一样走了一个上午，后来就是停了下来，就……就干枯了！" "啊！"小树叶说，"那……那我马上……马上走！" 小树叶拖着疲倦的步伐，一点一点往前走，蚱蜢在后面跟着。 他们走到一条小河边，口干舌燥的小树叶马上冲上去，大口大口地喝起来。 "小心啊！小树叶，这里……" 没等蚱蜢说完，小树叶已经被冲了下去。 "啊！" 小树叶原以为自己会被水冲得"体无完肤"呢，她睁开眼睛，发现自己在一个小女孩的手心里。 "妈妈！妈妈！我在小河里捡到了一片树叶。" 小女孩跑回家里，对妈妈说："我可以把它当书签吗？" "当然可以。"正在洗菜的妈妈说着腾出一个位子来，"不过你得把他洗干净。" 小女孩在水龙头下洗小树叶，然后再晾干。夹在自己最喜爱的童话书里。 在小树叶看来，这就是属于她自己的幸福。 小树叶奇遇记故事点评： 故事里的小树叶在朋友蚱蜢的点拨下，自己也开始了寻找幸福的旅程，最后经历了很多，终于找到了属于自己的幸福了，那就是成为了小女孩书里面的书签。	

语文	科学
小叶子奇遇记	

活动三：拓展关于树叶的诗歌

己亥杂诗（其五）

【作者】龚自珍　　【朝代】清

浩荡离愁白日斜，吟鞭东指即天涯。
落红不是无情物，化作春泥更护花。

水仙子·夜雨

徐再思　〔元代〕

一声梧叶一声秋，一点芭蕉一点愁，
三更归梦三更后。
落灯花，棋未收，叹新丰逆旅淹留。
枕上十年事，江南二老忧，都到心头。

（逆旅淹留 一作：孤馆人留）

评价量规表

分值	1	2	3
程度	不能熟练朗读课文，不会背诵关于树叶的诗	能熟练朗读课文，能背诵关于树叶的诗	能朗读课文，并且体会到树叶从生长到凋落的过程，体会到生命的脆弱，珍视生命

评价量规表

分值	1	2	3
程度	不能说出树叶的特点，树叶与特点无法对应	能说出部分树叶的特点，并且与其名称对应	能说出全部的树叶名称并且与其特点对应

（二）第二阶段

深入校园，收集观察树叶，将科学课以及语文课中学习到的知识运用在树叶收集中，感知大自然的美。孩子们在收集树叶的过程中，辨认树叶。

捡树叶的过程中，孩子们每捡一片叶子都会有新的发现，他们把落叶放在自己的小篮筐里保存起来，虽然只是一片小小的叶子，孩子们却视若珍宝，他们在寻找、发现、讨论中惊喜着。

在活动中：

1. 对探究叶子的秘密感兴趣。

2. 观察各种叶子的外形特征。

3. 感受不同形状、颜色叶子的美。

活动准备：小塑料袋。

活动过程：组织学生到校园中寻找各种各样的叶子。

1. 找寻叶子、提出疑问：你们猜猜，我这片叶子是从哪儿找来的？

2. 交代校园活动的注意点。

（1）注意安全、不乱跑。

（2）注意虫子。

3. 学生寻找不同的叶子。

（1）观察形状不同。

（2）观察颜色不同。

（3）了解叶子是什么树的？带着问题回去找资料查询。

评价量规表

分值	1	2	3
程度	不积极参与树叶收集，不能融入活动	积极参与树叶收集，但是在收集中不重视辨认植物的名称	能积极参与树叶收集，并且能在大自然中辨认出树叶的名字

（三）第三阶段

利用收集到的树叶，给树叶分类，制作叶画。

数学	美术
活动一：请你说一说树叶都是什么样子的？ 活动过程：树叶宝宝问个好，区别颜色、大小。 1. 今天我做树妈妈，你们做树叶宝宝，一起来玩游戏，好吗？ 2. 树叶宝宝们好（学生：树妈妈好），我的树叶宝宝很漂亮哦，看（出示一片绿色树叶），它是什么颜色的树叶？（绿色）树妈妈叫它绿树叶；（出示一片黄色树叶）它是什么颜色的树叶？叫它什么呀？（黄树叶） 3. 绿色的叫绿树叶，黄色的叫黄树叶，你看看自己的树叶，你是什么树叶宝宝呀？（轮流介绍：我是黄/绿树叶） 小结：嗯，树叶颜色不一样。 4. 看看（出示大、小树叶），树叶宝宝还有哪里不一样？（大、小）大的树妈妈叫它大树叶，小的呢？（小树叶） 5. 你是大树叶还是小树叶呢？请和旁边的树叶宝宝比一比。 6. 知道自己是大树叶还是小树叶了吗？请大树叶举起手来和妈妈招招手；请小树叶站起来和妈妈抱一抱。 小结：我的树叶宝宝大小也不一样。	活动一：请你先想一想，如果你制作一幅美丽的叶画，你想制作什么？树叶像什么？能被你拼成什么样子？ 活动准备： 1. 课前带领学生收集各种树叶，学生已认识许多不同形状的树叶。 2. 胶水、画纸、彩笔、彩色颜料若干盘。 活动过程：欣赏教师拼贴树叶，激发学生活动的兴趣。 1. 秋天到了，我们一起收集了很多树叶，这些树叶一样吗？让你们看看老师怎样把这些树叶拼成美丽的画。 教师出示范画，并提问：你们看，这幅画上有什么？（长颈鹿）是用什么拼的？（树叶） 2. 教师示范把两片树叶拼贴好后，用彩笔添上脖子、腿、犄角、眼睛和嘴巴，在周围画上鲜花、小鸟、白云等。让学生了解制作的方法和步骤。 3. 教师重新展示一些其他形状的叶子，启发学生想象，还可以做成什么？（学生自由表述，鼓励学生充分发挥想象力） 小结：原来我们的小树叶好神奇，能变成好多东西。
活动二：如果让你给树叶分类，你想怎样分？你的分类标准是什么？你能分成几类？按照形状进行分类是我们从数学的角度进行分类，请你把形状差不多的叶子分成一类 树叶宝宝找朋友，示范分类。 1. 树叶宝宝喜欢找朋友，黄树叶找黄树叶做朋友，绿树叶找绿树叶做朋友。 2. 个别学生上前操作，集体验证。 3. 树叶宝宝喜欢找朋友，大树叶找大树叶做朋友，小树叶找小树叶做朋友。	活动二：开始制作你的叶画 先在画纸上涂上胶水，然后贴上小树叶，变成你们想变成的东西。完成后还可以画一些其他的东西，让画面变得更加美丽。

数学	美术
4. 个别学生上前操作，集体体验。 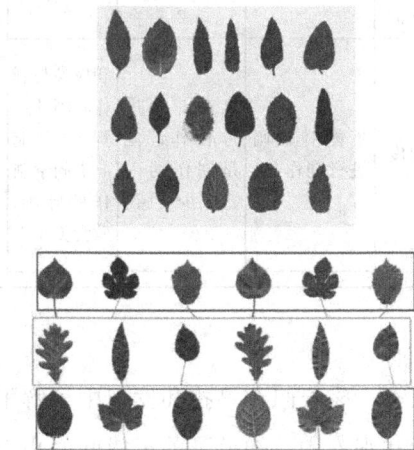	
活动三：启发 尽管有些树叶来自同一棵大树，也许它们是同样的品种，但是它们长的却不是完全相同的，就和我们每个人一样，每个小朋友都有各自的特点。	活动三：互相观察叶画，欣赏美 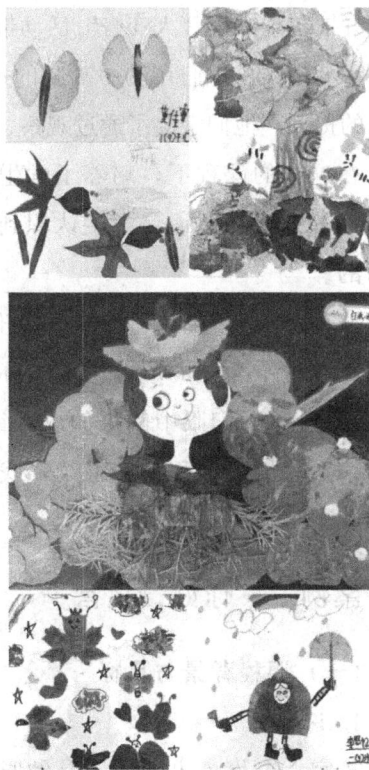

数学				美术			
评价量规表				**评价量规表**			
分值	1	2	3	分值	1	2	3
程度	不能对树叶进行分类	能对树叶进行分类，但是不知道怎样从形状进行分类，而是从颜色上进行分类	能对树叶进行形状上的分类	程度	不能对叶画进行创作	能对叶画进行创作，但是创作的内容缺少美感	积极参与制作叶画的过程，并且能欣赏同学制作的叶画，欣赏美

（十）总结与反思

叶子生命课程已经结束，通过这次的探索，孩子们在寻找和发现中了解了树叶外形的特征、颜色大小的区别；在阅读和观察中，知道了关于树叶的小知识，知道了叶的生命历程；在表征和创想中体验到了利用树叶进行美术创作，感受开展各种叶子"大变身"活动带来的乐趣；在分类中感受到了数学的实用，学会了分类。孩子们在动手动脑的过程中培养了良好的学习品质，能力也有了很大的提升，他们学会了通过观察、思考解决生活中的小问题。

在这样的课程下，培养了学生研究植物叶的兴趣和爱护植物、与自然和谐相处的态度和意识。学生认识到植物不仅有生命特征，连它的叶子也是有生命的。

席慕蓉说："如果一个孩子在他的生活中没接触过大自然，譬如摸过树的皮，踩过干而脆的落叶，就没办法教他美术，因为，他没有第一手接触过美！"看着孩子们眼中闪烁的求知欲，我们知道，关于叶子的主题活动并没有结束，我们的课程仍在继续，我们的故事仍在续写，让我们共同期待孩子们与叶子更多的精彩瞬间吧！

案例五：你好，故宫

（一）课程背景与目标

1. 课程背景

故宫，凝聚古人智慧结晶的匠心之城，是孩子们打开中华上下五千年历史与文化的一扇窗，是一片文化的绿洲，是一座活着的文物之城。对于孩子们来说，故宫是再熟悉不过的历史建筑，那么故宫里到底隐藏着什么样的奥秘呢？走进故宫博物院，探寻故宫这座雄伟建筑群所承载的文化底蕴，感受我国几千年文化的源远流长。

2. 课程目标

（1）采用"问—思—辨"深度探究式学习方式，让学生通过一个个核心问题，任务驱动，聚合大量的跨学科信息，架构文化时空意识。

（2）以超时空、跨文化、全学科学习，从更广泛的视角解析故宫，透析故宫蕴含的文化密码，思索过去的事、现在的物与未来的人的关系。

（二）课程核心素养

2022年发布的新课标对学生语言能力的重视有了进一步的提升，强调以语言运用为基础、促进学生思维能力、审美创造以及文化自信的提升。本次课程研学也注重培养学生语言表达能力，同时发展思维能力，形成自觉的审美意识，培养高雅的审美情趣，积淀丰厚的文化底蕴，继承和弘扬中华优秀传统文化，全面提升核心素养。

（三）单元主题课程设计

核心素养导向下的"大单元教学"设计，以"故宫"为主题的课程以大主题为中心，二年级组各学科教师对"故宫"的学习内容进行分析、整合、重组和开发，形成具有明确的主题、目标、任务、情境、活动、评价等要素的一个结构化的具有多种课型的统筹规划和科学设计。班主任利用班会课向学生展示故宫建筑的相关图片，让学生充分感受到故宫的建筑之美，激发学生的学习兴趣。

语文学科以家长讲堂为契机，学习古建筑屋顶等小知识，引导学生对故宫有了更加深入的认识与理解，同时提升学生的语言表达能力。数学学科带领学生研究日晷小知识，借助故宫文化场景，学习用步测法测量距离，认识方向，反哺学科知识。英语学科进行关于今日天气、今天行程、今天实践活动的感受等相关小演讲。科学学科进行故宫里的五行五色小知识，体会古建筑的五行五色之美。

（四）面向学科

语文、数学、英语、科学、美术

（五）面向年级

二年级

（六）思维导图

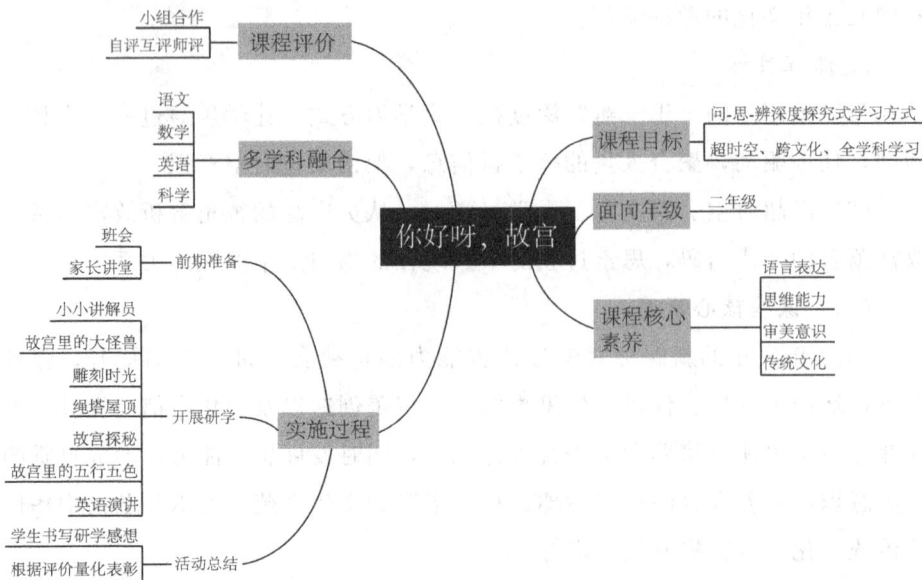

（七）课程任务

通过"你好呀！故宫"项目学习课程，孩子们走进故宫，用双脚双眼和一颗好奇心探访故宫，沿着中轴线，从午门出发，拜访前朝三大殿、后庭三大宫，一起寻找故宫里的"怪兽"，探寻太和殿屋脊的瑞兽，研究日晷计算时间的原理，发现故宫里的五行五色，经历每一次探寻，获得传统文化的启蒙，让故宫里的秘密陪伴着孩子们的认知与成长！

1. 前期准备（5月6日—5月10日）

班主任利用班会课向学生展示故宫建筑的相关图片，学生充分感受到故宫的建筑之美。学校邀请具有相关知识经验的家长为学生讲解相关知识，学生对故宫有了更加深入的认识与理解。故宫除了宏大、精美的建筑，无数的文物珍宝之外，还有许许多多的秘密蕴含其中。太和殿屋脊的瑞兽都是什么？日晷是怎样计算时间的？故宫里的五行五色是什么？激发了学生浓厚的兴趣和好奇心。

2. 开展研学（5月11日）

5月11日，孩子们走进故宫，沿着中轴线，从午门出发，拜访前朝三大殿、后庭三大宫，一起探寻故宫里的奥秘！

（1）小小讲解员

讲解地点：午门—太和殿—中和殿—
保和殿—故宫后庭（乾清门）—交泰殿

北京故宫是我国现存最大、最完整
的古建筑群。一步一风景，一景一故事。
在研学过程中，选出优秀讲解员把故宫
讲给大家听。小导游们用优美的语言介
绍仪态万千的故宫：最尊贵的午门、雄伟壮观的太和殿、最独特的中和殿、
富丽华贵的保和殿……做最有才华的故宫讲解员，传承中华文化。

小小讲解员评价量规

项目	分数		
	1分	2分	3分
完成目标	未达到目标要求	达到目标要求	超出目标要求
展示	展示不清晰，演讲不流利	展示较完整，讲解较清晰	展示完整，讲解清晰

（2）故宫里的"大怪兽"

地点：太和殿

通过对故宫知识的学习和了解，学生对太和殿上的十个小兽有了很深的
印象，在散发着耀眼光芒的琉璃瓦上蹲坐着这些小兽，它们是至高无上的权
力象征，也意味着只有至高无上的皇帝才能享受这样的"十全十美"。学生
通过找、认、拼三个环节，充分辨识时光网小兽的特点，感受"十全十美"。

①龙
②凤
③狮子
④海马
⑤天马
⑥押鱼
⑦狻猊
⑧獬豸
⑨斗牛
⑩行什

"怪兽"排排队：找一找太和殿屋顶的脊兽，认一认，并把它们按顺序排好序吧（填序号）。

"怪兽"拼拼乐：小组合作，完成怪兽拼图。

（3）雕刻时光

地点：太和殿前日晷

日晷是古代的钟表，太阳明亮时，通过投在日晷上的铁针之影，可以知道当时的时刻，但它需要有太阳照耀，方有阴影。

随着科技的发展，人们不再依靠日晷来获知时间，但是日晷仍然是代表着时间的符号，它作为文化的象征留存至今！来到故宫，孩子们近距离触摸这千百年的时间光影！

利用任务单讲解日晷小知识

赤道式日晷：日晷的石质晷面和赤道面是平行的，也就是晷面与地平面垂直线的夹角正好是日晷所在地的纬度。北京故宫所在地处在北纬 39 度 54 分，那么这个角度正好就是 39 度 54 分，换言之，日晷晷面和此地地平面的锐夹角约为 51 度 06 分。

赤道式日晷要求：晷针必须垂直于晷面、晷针必须正指向北。

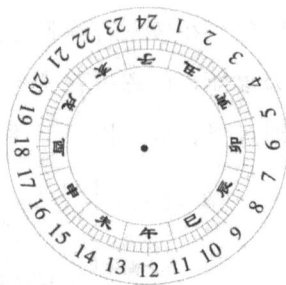

赤道式日晷正反两面都有刻度，在春分和秋分这两天，太阳照在晷面的正脊上，日晷正反两面的晷针同时起作用。每年从春分到秋分，即从 3 月 20 日至 9 月 22 日之间的这段时间，太阳只射在日晷的正上面；另半年时间里，太阳只射在日晷的反下面。

提出研学问题

①古人创造的计时器"圭表""日晷"等只能在白天的时候工作，那么到了阴雨天和傍晚怎么办？

②故宫的日晷位于（　　　　）殿和（　　　　）殿等。

③故宫里的日晷属于（　　　　）类

A. 水平式日晷　　　　B. 赤道式日晷　　　　C. 极地晷

D. 南向垂直日晷　　　E. 东或西向垂直式　　F. 侧向垂直式

G. 投影日晷　　　　　H. 平日晷

④画出看到的时间。（画出晷针的影子）

通过身临其境，亲身感受日晷计时，充分体会到古代劳动人民的聪明与智慧。

（4）绳搭屋顶

地点：乾清门

①利用任务单讲解古代建筑屋顶小知识

中国古代建筑文化源远流长，今天我们一起走进故宫，了解建筑不可缺少的一部分——屋顶。

中国古代的屋顶分为很多种类，屋顶一般由脊和坡面组成，根据脊和坡面的多少，比较常见的分为五种，即庑（wǔ）殿顶、歇（xiē）山顶、悬山顶、硬山顶、攒（cuán）尖顶等，如下图所示。

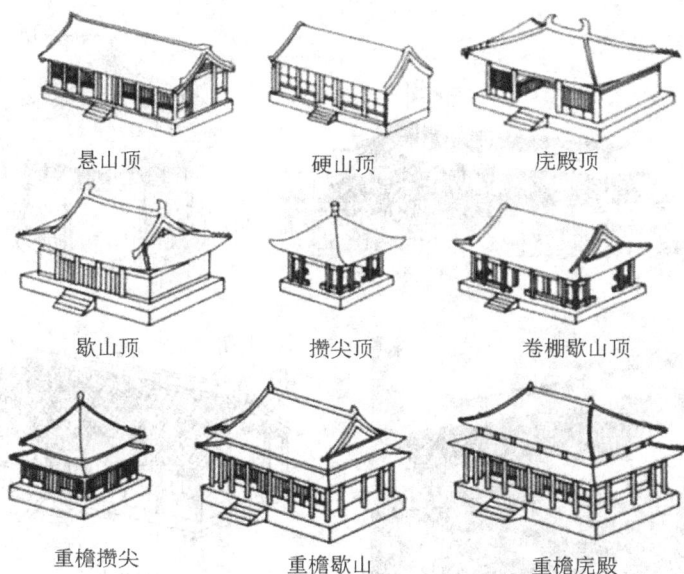

悬山顶　　　　　硬山顶　　　　　庑殿顶

歇山顶　　　　　攒尖顶　　　　　卷棚歇山顶

重檐攒尖　　　　重檐歇山　　　　重檐庑殿

古代建筑屋顶等级划分：

第一位：重檐庑殿顶。重要的佛殿、皇宫的主殿，象征尊贵。

第二位：重檐歇山顶。常见于宫殿、园林、坛庙式建筑。

第三位：单檐庑殿顶。重要的建筑。

第四位：单檐歇山顶。重要的建筑。

第五位：悬山顶。民居、神橱、神库。

第六位：硬山顶。民居。

第七位：卷棚顶。民间建筑。

无等级：攒尖顶。亭台楼阁。

今天我们所看到的太和殿就是属于庑殿顶，庑殿顶又分为两种，一种是单檐，一种是重檐，一般用于皇宫的主殿、寺庙的佛殿和文庙的主殿等地方。其中重檐庑殿顶是中国古代最高等级的建筑屋顶，所以故宫太和殿又属于重庑殿顶。

②任务一：连连看

同学们，各式各样的屋顶是不是很奇妙，下面就来考考你的眼力。请你连一连，下面的建筑对应的是哪种屋顶呢？

重檐

③任务二：绳搭屋顶。

六人为一小组，小组合作用所给绳子搭出你看到的太和殿屋顶吧，看看哪个小组最快。搭完后，再试着搭出上面其他建筑的屋顶，写一写你的感受，组内交流。

我的感受：_____

（5）故宫探秘

①太和门活动

小组中选出一名同学测量他的一步有多少分米，同学们一起数一数这名同学，从太和门到太和殿一共走了多少步，大约是多长？

②交泰殿活动

观察交泰殿周围建筑，借助指南针、方向板等工具，辨认东南西北，小组成员说一说每个方向上有哪些建筑？选出一名同学绘制出平面图。

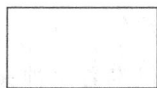

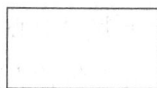

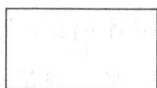

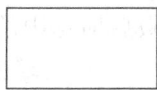

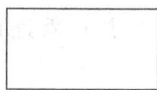

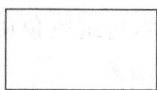

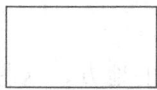

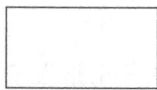

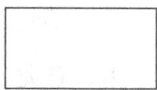

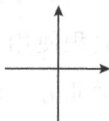

①交泰殿
②坤宁宫
③乾清宫
④隆福门
⑤景和门
⑥西暖殿
⑦东暖殿
⑧弘德殿
⑨昭仁店

③御花园活动

我们已经从午门走到御花园，都走过了故宫中轴线上的哪些建筑？请你们来填一填。

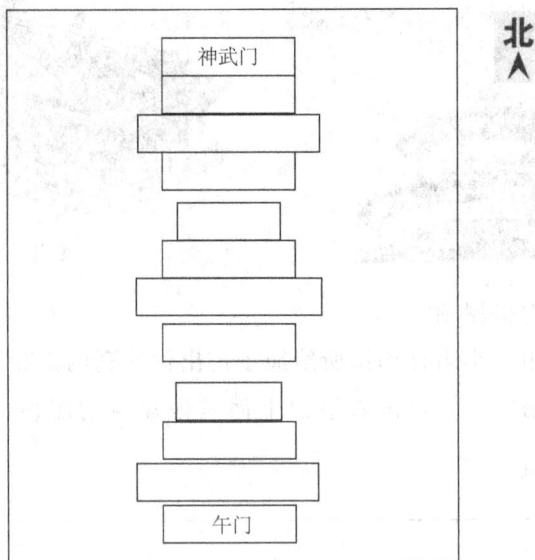

（6）故宫里的五行五色

在古代一直有着"五行五色"之说，用自然界的五种元素"金木水火土"分别来对应五种颜色。

五行：金、木、水、火、土；

五色：青、赤、黄、白、黑。

①中央的象征——土。位于北京城中轴线上的紫禁城，也就是故宫，其屋顶大面积使用（　）色的琉璃瓦，昭示天下其"中心"的地位。

②"北方"的象征——水。御花园的主要建筑钦安殿内供奉着水神玄武大帝，院子的正门称天一门，墙体是（　）色的，文渊阁用（　）砖墙，（　）瓦顶；神武门内两侧建筑屋顶用（　）瓦；就连钦安殿后面正中的勾栏板也被雕刻为波涛水纹图案。

③"南方"的象征——火。午门在紫禁城的南边，其墙壁、油饰均被涂成（　）色。

④"东方"的象征——木、青龙。紫禁城东是太子读书的地方，这些建筑的屋顶均为（　）色琉璃瓦顶。

⑤"西方"的象征——金、白虎。西六宫的西侧为外西路，有慈宁宫、寿康宫、英华殿等建筑，我国自汉代起多将太后的宫室建在西侧。

活动 6 评价量规

项目	分数		
	1分	2分	3分
合作完成任务单	任务单由1人完成	任务单由部分同学完成	任务单由全体同学共同完成
完成目标	未达到目标要求	达到目标要求	超出目标要求
组内合作	由少数组员完成所有工作	所有组员都参与，但分工不是很明确	分工合理，合作顺畅

（7）英语演讲

地点：冰窖、文华殿

基于二年级学生英语水平参差不齐，部分学生不愿意张口说英语的现状，为了鼓励学生张口说完整的英文句子，在二年级进行故宫博物院春季实践活动之时，开展 VCR 录制评选活动。

①前期工作：

英语老师介绍故宫相关英文语料知识，并为学生做示范，如何完成小组英文 VCR 录制。例如 VCR 内容可以包括与摄像打招呼，小组成员依次自我介绍、介绍今日天气、今天行程、今天实践活动的感受等。

②活动任务

以小组为单位，完成故宫游览的视频录制。视频内容小组成员自由发挥、自行商量，其中可以包括每位同学的自我介绍、今日天气、今天实践活动等。

活动 7 评价量规

项目	分数		
	1分	2分	3分
完成目标	未达到目标要求	达到目标要求	超出目标要求
组内合作	由少数组员完成所有工作	所有组员都参与，但分工不是很明确	分工合理，合作顺畅
展示	展示不清晰，演讲不流利	展示较完整，讲解较清晰	展示完整，讲解清晰

3. 活动总结阶段：（5 月 11 日—5 月 15 日）

（1）鼓励学生写好研学成果报告或者感想，并挑选优秀成果报告进行展示。

（2）根据活动量规，选出活动中各方面表现突出的学生（取 10% 左右）给予表彰。

（九）总结与反思

学生不仅近距离接触故宫的历史、建筑结构、文物概况等，激发了他们浓厚的兴趣和好奇心，还拓宽了学生的知识面，在学习故宫的专题中了解中国绚丽的文化，增强学生的民族自豪感。在对故宫的认识中对人类的历史文化和深厚底蕴有所了解，形成大世界观。

研学活动结束之后，教师可以与学生共同总结和反思。和学生共同讨论以下问题。

（1）这次研学活动你的最大收获是什么？

（2）你们组在小组合作时谁的贡献最大？你为什么这样觉得？

（3）你们组哪个活动没有挑战成功？原因是什么？如果再让你们做一次会有哪些改变？

（4）你在小组活动中的作用是什么？

本次研学活动引导学生打破时间与空间的限制，走出教室、书房，走进博物馆、大自然，在社会大课堂中汲取营养，博古通今，学贯中西。既是突破传统教育形式，又是聚焦素养培育的重要实践，"研学＋学科教育"让知识不再囿于书本，极大开阔了学习的路径和方式，将"生活处处有知识"的教育理念传递给孩子们。孩子们在中华传统文化的滋养下有所思、有所获、有所感、有所得，快乐地行走在求知、成长的路上。

案例六：光影童年

（一）课程背景与目标

1. 课程背景

电影课程的开设是时代发展的需要，是全面提高学生综合素质的需要。学校教育以学科教学为主，为促进学生综合能力的提高，引导学生积极、主动、全面发展越来越成为基础教育课程改革的重中之重。优秀电影是一门综合艺术，融戏剧、文学、绘画、音乐、舞蹈、建筑等多种艺术形式为一体，有丰富的思想内涵和审美题材，是一门不具学科分类，独具知识性、审美性、思想性、教育性的综合课程，能与各项育人目标有机整合，通过优秀电影能提高育人实效，有效地培养学生的综合素质。开发电影课程是切实提高学生审美能力的需要。审美能力的强弱，影响人的方方面面，包括对艺术的欣赏与创造，对自然的热爱与保护，对人的同情与理解，对现实生活真善美、假恶丑的辨别与扬弃，对自己的认知与调控，对未来的向往与追求，等等，它决定了一个人对人、对事、对社会、对自然的态度和行为，因而审美能力的培养是素质教育的基点。优秀影片中蕴含着丰富的美育内涵，充分发挥电影的美育功能，有利于提高学生发现美、感受美、鉴赏美、创造美的能力，促进学生健康、全面、持续、和谐地发展。

2. 课程目标

（1）以"电影"为载体，以学生成长为目的，促进学生多元能力发展。组织安排学生按年级观片的可行性常规，形成本校特色的基本方法、教学基本程序、教学策略、评价体系等，规范电影课程操作体系。

（2）联系学生的生活世界、心理世界和个性特点，转变教育教学新模式，倡导开放、自主、参与、互动，促进学生个性发展与综合素质的成长。

（3）美育为首，促进学生全面、主动、持续和谐发展的各年级教案、教辅活动设计。

（二）课程核心素养

教育部《关于全面深化课程改革落实立德树人根本任务的意见》中将核心素养体系置于深化课程改革、落实立德树人目标的基础地位。主题课程的核心素养，在新课标下体现为寓德育于电影，形成学校独有的电影德育校本课程体系。从"核心素养"视角看，积淀深厚的电影课程，为学生良好道德品质的形成和学校特色文化建设提供了崭新的思路和途径。着眼于学生终身发展的政治认同、理性精神、法治意识和公共参与等核心素养，为学生终身发展奠定思想政治素质基础。幸福课堂适应了时代的需要，关注课堂核心素养的培育，既培育学生问题解决、探究能力、批判性思维等"认知性素养"。在教学流程中培育核心素养，在自主学习中生成核心素养，在学情研究中提升核心素养，课堂逐步成为学生真情迸发的乐园、师生思维涌聚的生活高地。电影就像春雨一样，"润物细无声"地影响着学生的思想、感情，促进他们身心的健康成长。

（三）单元主题课程设计

核心素养导向下的"大单元教学"设计，电影主题课程以大主题或大任务为中心，对学习内容进行分析、整合、重组和开发。电影是一门综合艺术，其艺术感染力和穿透力极强。将优秀电影引入德育课堂，能有效解决"德育内容窄化"的问题，能让"书本德育"转换成"生活德育"。电影资源具有鲜明的时代性、典型的生活性、形式的多样性、情感的真实性、内容的丰富性等特点。电影课将教材从单一文字载体变为集"形、声、光、色"于一体的生动、直观的多载体形式，由单纯的学科形式变为综合艺术形式，以其独有的特性形成了新的教育思想、教学理论、教学模式、教学方法，以开放式、参与式、自我教育式的教学模式，使学生得到全面健康的发展。在系统优化的层次上进行教学设计，在理论逻辑和生活逻辑的统一中梳理整合教学资源，课堂教学的知识活化在不断变化的社会生活中，逐步转化为学生的能力，升华为学生的情感，从而促进了学生的有效发展。

（四）面向学科

全学科

（五）面向年级

一—六年级

（六）思维导图

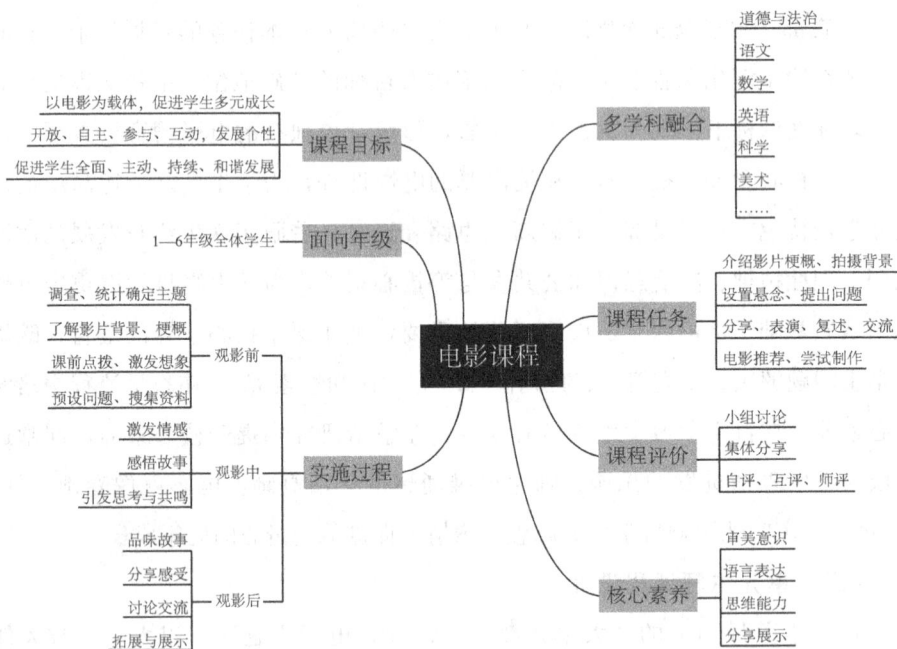

（七）课程任务

1. 强化影片的渗透功能，要加强对学生的指导

各班在认真组织学生观影的基础上，及时做好对学生的指导工作。观看前，要向学生讲明要求，并通过"提问题""设置悬念""介绍影片梗概""谈影片拍摄背景"等，激发学生的观看兴趣，提高观看效果。观影后引导学生回味影片精彩情节和印象深刻之处，进行表演、复述或交流观后体会等，中高年级要及时辅导学生撰写观后感，并在全班开展影评活动。进一步陶冶性情、美化行为、净化心灵。

2. 发挥影片的资源优势，建构有效课堂教学

各班要把优秀影片延伸到课堂，各学科要积极地进行探索，结合学科教学发挥优秀爱国影片教育的功能，特别是在语文、思想品德和美术等教学中，适当选择、放映与教材内容密切相关的影片，通过电影生动、直观、形象的感观刺激，使学生感受深刻，记忆扎实。

3. 及时对电影开展评价活动，建立电影课程评价体系

定期回顾、总结实验经验，根据实验情况，对观影次数、活动安排、教学方式、评价方法等常规做出相应调整。认真开展此项活动，真正使优秀电影课成为广大未成年人健康成长的精神食粮。

（八）实施过程

1. 走入光影世界，活跃校园文化

各年段本周精选 1 部优秀影片，保证在校学生本月观看 3—5 部影片，要做到目标明确，结合名著名片的观赏，在活跃校园文化、拓宽学校第二课堂、活跃师生文化生活等方面发挥积极作用。

2. 提供"电影欣赏大餐"，做好前中后期准备

积极开展多种形式的影评活动，培养提高学生们的审美和艺术鉴赏能力，扩大电影的教育作用。

（1）观影前，结合各年级挑选适合的影片

采用座谈、问卷调查、统计等方法挑选出每个年级适合观看的影片，科学地安排影片的观看顺序，形成各年级电影课开课的教材。明确学生的认知水平、心理特点、情知状态，找准放映中需要给学生点拨之处或激发学生想象、思维、体验、讨论之处，以便观影前布置学生收集有关资料、了解影片背景，或便于观影前教师向学生介绍影片情况。

（2）观影中，紧跟故事起伏，体验情感

要把握情感激发点、想象激发点、审美关键点、知识关键点和心理作用点，适当点拨、激发，恰当地提出审美、思维或想象要求，引导学生感悟、品味、体验、讨论，使学生受到丰富形象的感染、真切情感的体验或潜在智慧的启迪。

（3）观影后，总结分享、交流展示

引导学生回味影片精彩情节和印象深刻之处，进行表演、复述或交流观后体会等，进一步陶冶性情、美化行为、净化心灵。

3. 活动形式

各级部从红色经典、童书电影、经典国外影片中挑选适合本年级学生的电影，多选或自选皆可。活动地点可自选各班教室或四楼会议室，提前沟通。可通过观影前调查资料、阅读图书，观影后写影评、谈感想、画小报等，形式不限，鼓励学生开展丰富多彩的电影活动。

4. 呈现方式

（1）画电影中的人物。

（2）设置思考题。

（3）选择一个情节做连环画。

（4）续写电影故事。

（5）观影卡片。

（6）涉及图书分享的电影分享。

（7）英文电影趣配音。

（8）高年级可以开展电影推荐（推荐理由、情节分享等）。

（9）绘制鱼骨图、思维导图。

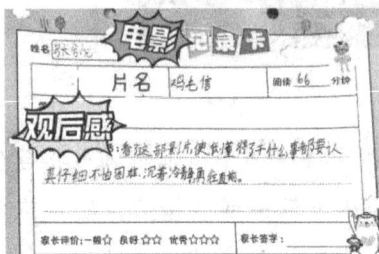

（九）总结与反思

根据学生的兴趣爱好、心理状态、思维境况，学生主动参与、亲身实践，学生成为活动的主体，根据学生自己的爱好、兴趣选择活动。在观影活动中，发展学生发现美、感受美、鉴赏美、表现美乃至创造美的能力，让学生通过丰富多彩的实践获得直接体验，发展各项潜能。

着眼于培养学生综合运用多种学科知识和多种技能解决问题的能力。对学生的活动应进行综合性考察和评价，提高学生的综合素质。观看经典影视作品，不仅帮助孩子们了解历史、感知故事、体会情感，更是在孩子心中埋下爱的种子。孩子们也将在认真观影后，通过写影评、画插图、班级分享等形式表达自己对影片的理解和感悟。贴近学生、贴近生活、贴近实际的教学情境，拨动了学生的情感之弦，学生们在"入境、明理、动情"的过程中主动学习，真正做到用心去参与、敢于去尝试、乐于去展示、享受到生命的充实和快乐，培养了学生的学科核心素养，学生在参与中完成了真实的学习，达到认知、情感与素养的和谐而充分的发展。

案例七："小胖墩"训练"赢"

（一）课程背景与目标

随着社会的不断向前发展，人们的物质生活水平有了大幅度的提高，对子女的成长发展成为家庭关注的重心，而营养的补给也达到了一个空前的状态，家长们担心儿女身体没有得到足够的营养调节，给他们高脂肪、高蛋白的食物，加之学生们各种学习负担的加重，重要的是缺少了应有的体育锻炼。这种吃得多、消耗少，能量转化为脂肪留在体内的不断重复，就导致许多肥胖学生的出现。由于体形肥胖的特殊状况，给他们身体、心理带来诸多的不利影响，因此，我们选择了这个课题，目的是让"小胖墩"了解自己的身体状况，恢复正常体重，使校园里的"小胖墩"人数得到控制和减少，使"小胖墩"不再动不动就累，让"小胖墩"拥有更健康、更美好的童年。

（二）课程核心素养

今天，中国体育改革和发展的目标是满足人民日益增长的美好生活的需要。在这个变化无常的时代，体育教学中也出现了教学过程趣味化、多样化等变化。除了贯彻"健康第一"的指导思想之外，"立德树人"也是我们必须重视的重点。运动教育模式在理论上是课程模式之一，而在实施方法上是教学模式之一。通过完整的运动教育的学习，学生的运动参与、公平竞争的意识及团队精神会有一定程度的提升，更重要的是，学生们在角色扮演的过程培养了积极的社会认知及行为，而这对于学生今后的发展有着相当大的作用。

以运动教育为媒介，让学生拥有真实的运动体验，使得具有教育性的运动成为其生活的一部分，促进终身体育意识，达成"身心一体"的全面发展。

（三）面向学科

体育与健康

（四）建议年级

四、五、六年级

（五）思维导图

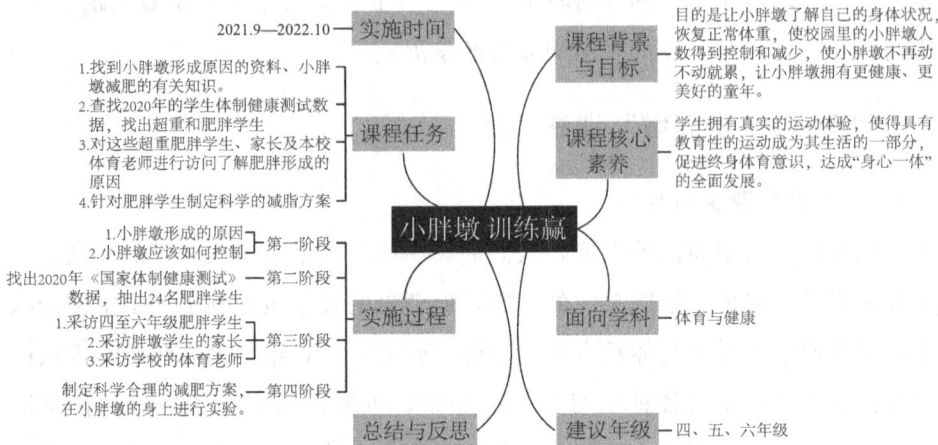

（六）课程任务

1. 我们主要通过学校的网络寻找相关的资料，找到非常多的有关少儿肥胖的资料，主要分成两大类："小胖墩"形成原因的资料、"小胖墩"减肥的有关知识。

2. 查找 2020 年的学生体质健康测试数据，找出超重和肥胖学生。

3. 对这些超重肥胖学生、家长及本校体育老师进行访问了解肥胖形成的原因。

4. 针对肥胖学生制定科学的减脂方案。

（七）实施过程（具体内容、图片、核心事件）

第一阶段：

1. "小胖墩"形成的原因：

1）遗传因素；2）饮食不合理；3）缺乏运动。

2. "小胖墩"应该如何控制？

1）控制饮食，适当补充益生菌；2）减少食用零食和快餐；3）坚持适量的运动；4）保证充足的睡眠。

第二阶段：

找出 2020 年《国家体制健康测试》数据，抽出 24 名肥胖学生。

第三阶段：

1. 采访四至六年级肥胖学生

我们采访了学校各年级段中的典型胖墩共 24 位，重点是想了解"小胖墩"的日常生活，从中再次找到形成少儿肥胖的原因以及"小胖墩"的苦恼。

我们采访的问题为：（1）你平时喜欢吃的零食是什么？（2）你一般在什么时候吃？吃的数量是多少？（3）你经常参加锻炼吗？大概一天中锻炼的时间有多少？（4）你一般几点睡觉？几点起床？双休日一般睡多少时间？（5）你认为自己胖不胖？胖对你的学习生活带来哪些不便？（6）你减过肥吗？是什么形式的？

通过这次采访，我们得到了以下数据：（1）有 24 位小胖墩爱吃肉制品、油炸类食品、饮料、甜食。（2）24 位被调查的同学中，有 13 个没进行过减肥活动，10 个进行过运动减肥，两个进行过节食减肥，仅有 4 位同学认为胖给他们的生活、学习带来了不便。（3）24 位被调查的同学中，4 个双休日睡眠时间超过 10 个小时平时一般八九点睡觉，六点左右起床，平时睡 9—10 个小时，睡眠时间不太长。（4）24 位同学参加运动的时间很少，3 个同学平时基本不运动，4 位同学的运动时间达到 1 小时（包括体育课），其他同学基本在半个小时以内。有一部分同学甚至害怕上体育课，用各种借口逃避跑步。

从这次采访中我们得出了以下结论：（1）肉类、油炸类食品、甜食容易使人发胖。（2）"小胖墩"的睡觉时间基本正常，一般在 10 个小时左右，与发胖的关系不大。（3）胖墩学生的运动量偏少，有的甚至害怕上体育课。（4）大部分同学还没意识到肥胖对学习、生活和身体健康带来的不便。（5）这些同学减肥没有一定的毅力和科学的方法，只是一时的心血来潮。

2. 采访"胖墩"学生的家长

我们是想在采访"胖墩"学生的基础上进一步了解"小胖墩"形成的原

因，根据资料显示的形成"小胖墩"的主要原因（比如遗传、饮食、运动、发育等），向家长请教了以下问题：（1）您的孩子是不是一出生就很胖？（2）您的孩子有没有挑食的现象？（3）您的孩子有没有贪睡的现象？（4）您的孩子有没有运动的习惯？（5）您的孩子有没有发育了？是不是发育引起的肥胖？（6）您认为孩子肥胖的原因是什么？（7）您认为孩子胖是不是一个好现象？（8）肥胖对您孩子的生活、学习带来了哪些麻烦？这次我们调查采访了6个同学的家长，得到了以下数据：4个一出生不胖，2个一出生就胖；没有挑食的现象；一个有贪睡的现象，5个没有贪睡的现象；3个有运动的习惯，3个有没有运动的习惯；一个没发育，5个发育了，都不是发育引起的肥胖；所有家长都认为孩子的胖不是一个好的现象，但都认为没有给生活、学习带来不便。

由此我们得到结论：在小学生"胖墩"中，一出生就很胖的不多，挑食和肥胖关系不大，不运动容易引起发胖，发育引起的肥胖可能性不是最大的。

3. 采访学校的体育老师

我们采访了教我们班体育的朱老师，主要问题有：（1）哪些运动对减肥比较好？（2）运动量的大小跟减肥有没有关系？（3）一般的"小胖墩"喜不喜欢上体育课？（4）"小胖墩"的体育考试及不及格？（5）运动减肥在什么时候比较好？（6）肥胖会不会影响正常运动？朱老师告诉我们：跑步、跳绳、健美操对减肥比较好；运动量的大小跟减肥有关系；一般情况下，运动量大，减肥效果好；小胖墩的体育成绩一般为及格。

第四阶段：

制定科学合理的减肥方案，在"小胖墩"的身上进行实验。

通过第一、二、三阶段的活动，我们得到了很多有关少儿肥胖的知识、资料，在此基础上设计减肥方案就比较容易了。我们根据资料显示以及专业人士的一些建议设计了减肥计划，青少年儿童正在长身体的阶段，进行节食减肥可能会影响"小胖墩"正常的成长发育，所以在减肥方案中，我们只对"小胖墩"的饮食习惯提出一些合理的建议，主要制定了运动减肥的方案，最有创意的是我们还根据医生建议的最适合少儿"胖墩"减肥的运动形式自编自创了少儿减肥素质操，素质操共10节，分别为上肢、腰腹和下肢的运动。本套素质操已经在这24名肥胖学生中开展了一段时间，效果不错，接下来我们将这套素质瘦身操在全校推广。

附：学生胖墩减肥方案目标

"小胖墩"了解自己的身体状况，恢复正常体重，使校园里的"小胖墩"人数得到控制和减少，使"小胖墩"不再动不动就累，让"小胖墩"拥有更健康、更美好的童年。

减肥方法：

1）饮食控制；

2）运动减肥。

具体操作方法如下：

一、饮食控制

由于"小胖墩"们正处于生长发育阶段，应该加强各方面的营养，根据医生建议，所以我们不制定节食计划，而是提醒"小胖墩"在饮食方面注意以下几点：

1）零食和甜食尽量要少吃；

2）主食尽量做到粗粮和细粮搭配；

3）鱼要有选择地吃，鳗鱼要少吃；

4）油炸食品易发胖又没有营养，不宜多吃；

5）洋快餐不宜多吃；

6）肉要尽量少吃；

7）要多吃鸡蛋。

二、运动减肥

在运动减肥中，我们根据医生建议的有利于减肥的运动项目编了一套减肥操，在实施运动减肥时，我们把减肥操和其他运动有机结合，每天分三个时间段进行，每个时间段的运动时间均为 30 分钟以上，具体见下：

早上：7：40—8：20。运动内容：跳绳 800 下；素质操跳三组，每组间隔一分钟，最后做拉伸运动。

中午：午饭后半小时开始做三组素质操。

晚上：一回家先做 40—50 个仰卧起坐，最好在一分钟半内完成；然后跳绳 800 次；素质操两组；如果在双休日，建议饭后去爬爬山、散散步，时间可在两小时左右。

（八）总结与反思

对肥胖学生的干预，要认真了解学生个体的身体状态、心理表现，针对学生的具体情况进行心理调节与疏导，并进行因材施教，使学生形成正确健康观，积极主动参与体育锻炼与上好每一堂体育课，达到科学减肥的目的，能更好地参与到正常生活和学习中，拥有健康快乐的童年。

案例八："遇见"扎染"

（一）课程背景与目标

《义务教育课程方案（2022版）》指出："加强课程内容与学生经验、社会生活的联系，强化学科知识整合，统筹设计综合课程和跨学科主题学习"，"教育是给学生一些事情去做，不是给他们一些东西去学，结果他们自然地学到了东西"。扎染技艺作为非物质文化遗产，在学生体验传统手工艺术的魅力的同时，让学生经历在真实情景下解决问题的过程。扎染用什么颜料？怎样扎出来的图案好看？扎染成品可以做什么？在解决这些问题的过程中提升了学生的独立解决问题的能力。在选用颜料、设计花纹的过程中，学生的创造力也得到了提升，并在动手实践的过程中培养学生动手操作能力。基于以上原因三年级师生以"扎染"为主题，通过头脑风暴确定围绕"扎染与民俗、扎染与自然、扎染与图形、扎染与生活、扎染与艺术"等内容进行多学科融合的课程探索。没有硬性的灌输，只有主动的探究，让学生在课程中不仅能习得扎染的文化，更可以发挥动手能力、创造能力、审美能力；实现"在课程中育人的目标"。引导学生在观察、计划、分析、反思和调整中解决实际问题，在实践中成为善思、善做、能创、善道的未来开拓者。

（二）课程核心素养

艺术是学生的另一种表达认识和情感的语言。艺术教育可以丰富学生的情感，培养初步的感受美、表现美的情趣和能力。学生在艺术课程过程也可以得到愉悦感和个性化的表现。随着我国教育事业的发展，在对学生的日常教育中，除了完成学生教材中规范的教学内容外，还要注意培养学生对生活的丰富感受。而在我国民间传统工艺中，蕴含了相当丰富的人文知识及地理知识，凝聚了丰富多彩的历史文化，是人们生活智慧的结晶。在日常教学中，对民间传统工艺进行开发利用，能够促进学生的审美理解能力、审美感知能力、审美创造力及想象力的培养和提升。因此，对民间传统工艺的开发、利用成了丰富学生学习生活的重中之重。

（三）单元主题课程设计

1. 开发背景

扎染是一门历史悠久的工艺美术，是中国民族文化几千年来积淀的艺术结晶。有着其他工艺无法达到和代替的特殊的效果之美。传统的手工印染具备实用性和艺术性的双重功能，有其独特的艺术风格，且制作工艺简便、有趣。让扎染艺术能够传承下去，站在艺术与文化的角度来说，这是一个重要的课题。

根据小学阶段学生的年龄特征与学习经验，三年级学生已经能够用简单的造型语言表现常见的事物，有丰富的想象力和一定的创造力。在日常学习与生活中形成对美术作品的感知能力，并有一定的欣赏能力。根据小学美术课程标准的要求，初步掌握某一画种工具、材料的性能和基本技法，能合理组织画面构图，造型生动，想象丰富。学习设计的基本知识和基本技能，通过创作和制作理解生活中有关设计的实际问题表现与应用，选用合适的美术工具、材料，激发丰富的想象和创造愿望。

此课程发挥教师的特长，提高学生的自主拓展能力，是基于学生的直接经验、密切联系学生自身生活和社会生活、体现对知识的综合运用的实践性课程。促使学生个性潜能优势的充分发挥，使学生个性得到全面和谐的发展。

2. 课程目标

（1）借助学科融合，了解扎染这一民间工艺的起源、发展、特点、用途等基本知识。学习扎染的各种技法与表现手法。初步形成从基本技术性课程学习到进行创造性学习的基本能力。

（2）在个体探究、小组合作等多种学习形式中培养自主学习、合作精神和动手践能力，引导学生在观察、计划、分析、反思和调整中解决实际问题。

（3）通过借鉴民间美术的方法，形成汲取民间美术中的优秀特点，启发学生的创造性思维并借此进行创新课程。培养学生对中国民族艺术的热爱之情，拉近学生与民间美术间的距离。

3．课程内容

	单元教学内容	主要内容	课时目标	单元设计说明
初识扎染	初识扎染	欣赏、认识扎染工具	通过欣赏扎染作品，创设情境，提出问题。猜猜讲讲，了解扎染的防染手段。认识几种常见的扎染工具、材料的不同功能及对画面所产生效果。	通过欣赏，了解扎染这一民间工艺的起源、发展、特点、用途等基本知识。
巧手扎锦绣	轻松变个	扎	初步接触扎染，让学生在完成作品中体会到成就感，激发学习兴趣，体验"扎"对于扎染作品画面起到的作用。	在知道线扎紧能够防染的基础上，用绳子捆扎进行创作，让学生了解不同的折法下，能够得到千变万化的效果，其效果出其不意，充满惊喜。让学生在实践中体验到扎染的魅力。
		折	在扎的基础上，体验不同的折法对画面所起到的变化。	
	奇妙的纹理	夹子	在折的基础上，加上各种形状的夹子，交流不同夹子制造出的不同肌理之美。	学生通过自主选择、收集材料，再利用夹、捆、扎、包等方法，制作出不同的效果。
		包裹	用不同的材料包裹在布中，加以扎的基本技法，体验新的肌理效果，培养自主收集材料的能力。	
设计扎染	线条的魅力	单层串缝	知道除了扎、夹等防染手段外，走针抽紧也是扎染的基础技法。	我国古老的传统工艺扎染的魅力还体现在走线技法中。这是扎染的基础技法之一，也是学生必须掌握的。
		多层串缝	在单层串缝的基础上，知道通过折叠的方法能快速地制作出重复的图案，并在图案上进行组合创作。	
靛蓝染春秋	彩色天地	画与扎的结合	用染料直接在布面上作画，引导学生自主探究防止画面被染料染掉的方法。	学习上色的方法，体验给作品上色的快乐。
		注入新色彩	在扎的基础上，用针筒注射不同的色彩，启发创意意识。	
扎染秀	创意作品	为妈妈做一条围巾	自主选择并运用学到的技法，为妈妈做一条围巾。	运用之前学过的知识，用综合手法制作一条围巾，使学生体会到扎染的实用性，提高学生的学习积极性。

4. 课程评价

在每次教学过程中，根据学生在课程中参与的态度和在课程中的表现采取互评、小组评价及教师评价等方式。

分类	评价内容	评价结果		
		★★★	★★	★
课程情况	参与态度	主动积极参与实践课程	能参加实践课程	能在老师或同学的帮助下完成课程任务
	合作态度	积极地相互支持、配合，并能帮助他人	相互支持、配合	能在小组成员的帮助下进行合作
课程成果	扎染作品	具有较强的实践动手能力，能在老师的指导下独立完成作业	具有一定的实践动手能力，能在老师或同学的帮助下基本独立完成作业	能在老师或同学的帮助下完成作业，并在学习过程中养成实践动手能力

（四）面向学科

语文、数学、美术、劳动、科学

（五）面向年级

三年级

（六）思维导图

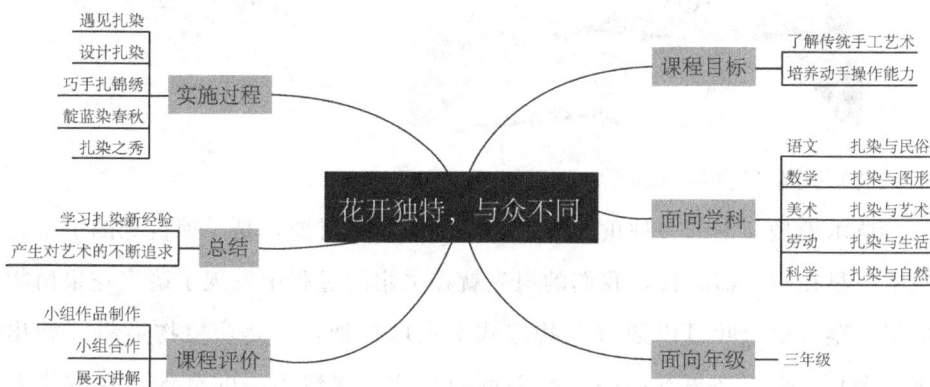

（七）课程任务

1. 扎染课程安排流程

头脑风暴确定研究方向—制定研究目标—明确研究路径—各学科分工合作—成果展示（课程周汇报）—总结反思。

2. 课程任务

本次课程由三年级全体教师带领学生们开展以"遇见扎染"为主题的扎染课程，课程分为"扎染与民俗、扎染与自然、扎染与图形、扎染与生活、扎染与艺术"等五部分的内容。

（1）扎染与民俗（语文阅读）

学生先通过图书馆、书店或上网等方式查找关于扎染的资料，对扎染的民俗知识有初步的了解。扎染在我国有着悠久的历史，早在秦汉时代人们就已经创造了扎染工艺，魏晋南北朝时扎染工艺得到空前发展，经隋唐宋元明清各代，两千余年来一直流传于民间，分布于我国的云南大理白族、彝族，四川自贡、峨眉等地区。在世界上许多国家都保持和发展着这一古老工艺。

（2）扎染与自然（科学）

草木染是扎染的一种重要形式，发源于史前时期，是一项古老的手工艺技术。早在新石器时代，我们的祖先就在采集的过程中发现了诸多花果植物的根、茎、皮、叶可以通过一些方式来提取汁液，于是，植物染料开始出现。今日，它正在复苏……五颜六色的花朵，深浅不一的草木，在古代人们的手中，它们是大自然馈赠的最佳染料；在现代孩子们的眼中，就是无限的想象和创意。在科学课上，学生们观察自然中的植物，收集花瓣、树叶、蔬菜、瓜果等自然界的材料，经过提取、蒸煮等工艺，它们变身成为我们扎染的颜料。

扎染与自然

班级：　　　　　　姓名：

1.观察下面自然材料的颜色变化

火龙果	
苏木	
紫甘蓝	
薄荷	
桑	
洋葱	

（3）扎染与图形（数学）

在欣赏图形的运动所创造出的美丽图案的过程中，进一步感受对称、平移和旋转在生活中的广泛应用，感受数学的美，体会数学的价值。亲自动手制作扎染作品，培养动手能力，在制作过程中，思考扎染方法与作品效果之间的关系，思考是通过对称、平移和旋转的哪种方式得到的图案。利用对称、平移和旋转制作扎染的过程中，体验中国传统手工艺，了解我国传统扎染手工艺的表现形式及其艺术特征，使学生感受与欣赏数学美，并在生活中创造美。

扎染与图形

班级： 姓名：

1. 实验不同的扎法，记录下不同扎法所得到的图形

扎染名称	图案形式
多层折叠法	
旋转法	
夹扎法	
随意扎法	

2. 设计你所喜欢的图形，想象他是怎样扎成，把它们画出来。

3. 说一说，你有哪些收获？

（4）扎染与生活（劳动）

劳动课上我们学习扎染技术，掌握捆扎的技巧和方法，能够熟练运用皮筋技能，加强手部精细动作的发展。

（5）扎染与艺术（美术）

美术课上了解丰富多彩的扎染纹样，通过自己的审美，能够大胆使用多种方式、材料进行扎染表现。欣赏教学是美术教学的重要形式，有助于激发学生的学习兴趣。通过欣赏扎染作品，让学生感悟传统艺术的魅力与价值，契合了小学美术新课程标准的要求，是扎染非遗美术课程教学的重要环节。欣赏后搭配创造，提高学生的审美。

（八）实施过程

我与文化——扎染

序号	项目名称	方式	活动地点	内容
1	遇见扎染	集体	三年级各班教室	准备关于扎染的PPT，由班级讲解员讲解扎染知识，使学生对扎染有一定的了解。
2	设计扎染	4人小组	三年级各班教室	以绳结之，而后染色，不同的扎染图案表达着一种向往和希望，根据对扎染的了解，讨论并设计自己的扎染图案。
3	巧手扎锦绣	个人	三年级各班教室	扎染工艺分为扎结和染色两部分。它是通过纱、线、绳等工具，对织物进行扎、缝、夹等多种形式组合后进行染色。让学生了解不同扎染方法，确定捆扎方法并进行捆扎。
4	靛蓝染春秋	4人小组	三年级各班教室	小组成员相互合作，用滴管将染料滴在扎好的方巾中反复染色。
5	扎染之绣	个人	三年级各班教室	扎染是一门神奇的艺术，每一幅作品都是独一无二的，经过同学们大胆动手、大胆想象，向大家展示自己独一无二的艺术品。

第一阶段：初识扎染

（1）通过扎染图片的欣赏，使学生对民间扎染有进一步的了解和认识，提高学生审美水平，拓宽知识面。

 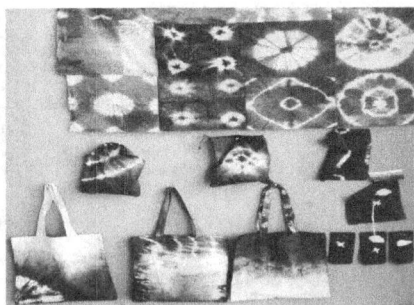

（2）介绍扎染相关知识

①扎染的概述：扎染是一种古老的纺织品染色工艺，古时候被称为绞缬或绞染，它是用线绳对织物进行紧固的结、系、绑、缝扎，然后放在染液中进行煮染，使得织物染色不匀，拆去扎线后即可出现奇特的彩色花纹，这就是扎染。

②扎染的面料：手工扎染面料一般以棉、麻、毛等为主，选择时主要根据制作产品的不同，选择不同的面料（纯天然纤维面料）。

③扎染的染料：常见的染料有天然植物染料和化工直接染料。天然植物染料环保，在一些少数民族地区的传统扎染工艺中相对常见些，而且对人体也能起到一些保健作用，但是加工提取的工艺比较复杂，产量少，价格贵。化工直接染料，它的特点是价格低廉，颜色较多，但色牢度较差。

第二阶段：设计扎染

学生们通过图片、视频及教师示范了解专业的扎染方法，以及扎染的专业工具，选择自己的结扎方法。

（1）认识扎染工具

橡皮筋　　　　　　　　　　　　白方巾

染料

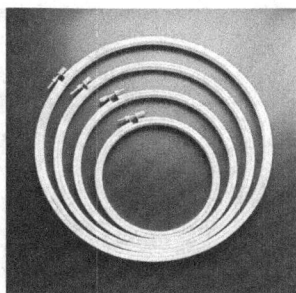

木绷

玻璃球

白短袖

（2）学习结扎方法

1）结扎是将布进行各种方式的物理防染处理，包括捆扎、缝合、折叠、扭曲、夹、压等。每一种方式都能够在布的表面创造出漂亮的视觉效果。不同的面料有不同的特性，所以要选择恰当的方式来做出想要的效果，染出来的效果有各种可能。

2）结扎基本方法介绍

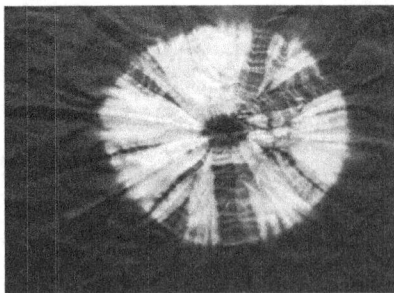

①捆扎法：将织物按照预先的设想，或揪起一点，或顺成长条，或做各种折叠处理后，用棉线或麻绳捆扎。

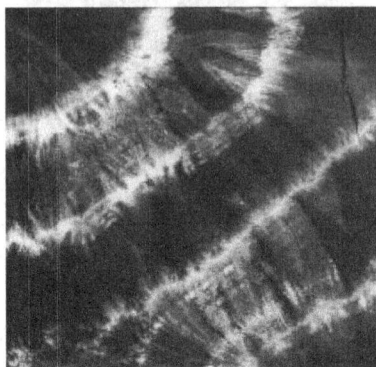

②打结扎法：将织物做对角、折叠、不同方式折曲后自身打结抽紧，产生阻断染液渗入的作用。打结方式有：四角打结、斜打结、任意部位打结等。

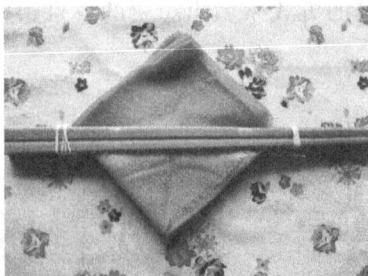

③夹扎法：利用圆形、三角形、六边形木板或筷子、夹子将有规律折叠好的布夹在一起，然后用绳子捆紧形成防染，使中间被夹的地方不受染料的浸泡而产生花纹。

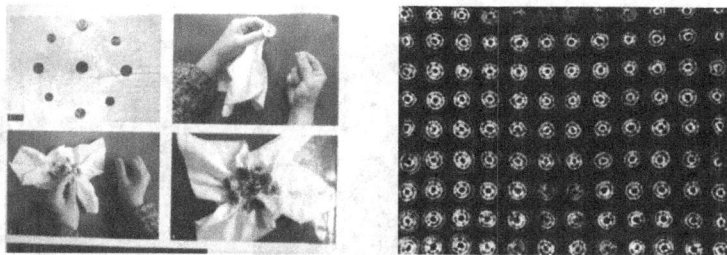

④包扎法：将玻璃珠包到布料里，用橡皮筋捆紧。

3）扎染步骤

第一步是"扎"，以白布的中心为图案的中心，用手指拎起白布中心把布抹顺，然后用绳子围绕中心捆扎。

第二步：将染料用冷水冲兑，每包可兑水 2～5 升（水越多颜色越浅）。

第三步：取出布，用清水洗去浮色，将绳解开，再用清水洗，一块扎染花布就制成了。

第四步：将扎染好的花布挂好晒干。

这是最简单的扎染方式，还可以尝试不同的方式来进行扎染。

第三阶段：巧手扎锦绣

（1）动手操作

这是我们第一次通过理论结合实践，正式开始尝试自己动手扎染。根据老师的讲解和示范，学生们了解了扎染工具，清楚了扎染方法、扎染步骤，选择自己的扎染方法开始实践了。

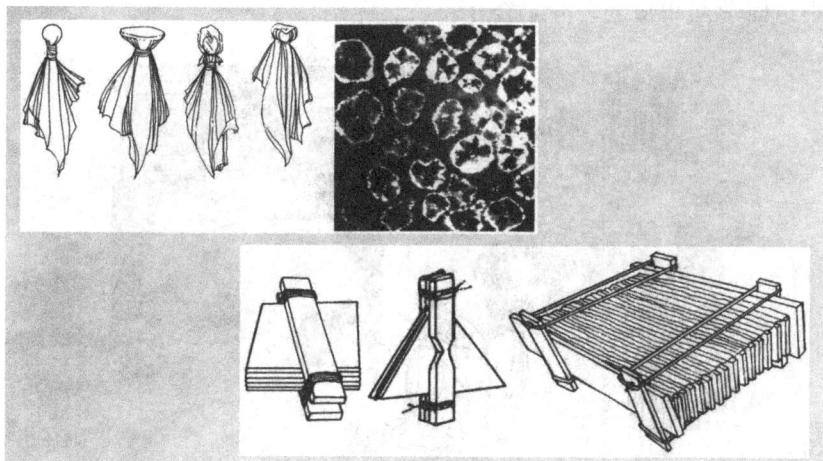

（2）总结和反思：学生全部完成后，教师组织学生讨论。

①在扎方巾的过程中遇到了什么问题？

②为什么会出现这样的情况？

③怎么解决这些问题，扎染出好看的图案？

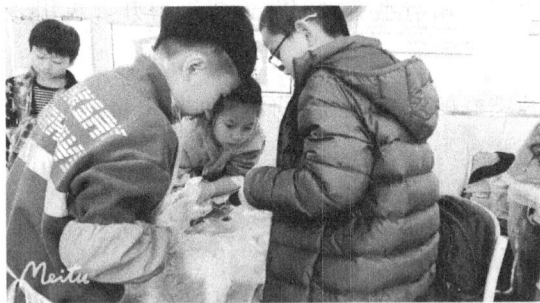

第四阶段：靛蓝染春秋

随着扎染的进一步深入，同学们将已经扎好的方巾用染料染色，在此过程中小组同学互相帮助，分工合作。

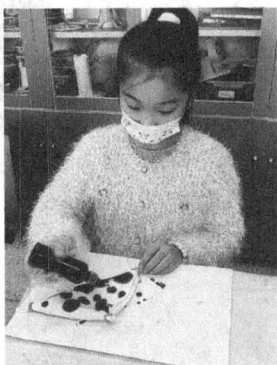

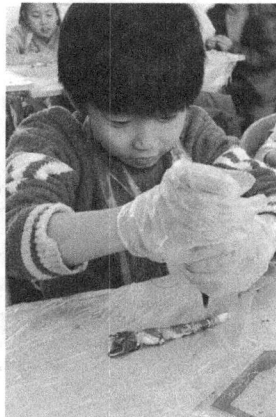

第五阶段：扎染之秀

（1）扎染作品展示和讲解

经过耐心的等待，孩子们小心翼翼地解开自己的扎染作品，一条条小方巾在自己的手中变成了一件件风格迥异、花样丰富的作品。同学们开心地向大家讲解自己的扎染方法，展示自己独特的作品。

出示评价量规。

项目	分数		
	1分	2分	3分
小组作品制作	扎染制作方法使用单一，对于出现的问题不能解决	扎染制作方法较多，对于出现的问题部分能解决	扎染制作方法丰富，制作时能及时发现问题并解决问题
小组合作	没有分工合作	有简单的分工合作	分工合理，协作顺畅
展示讲解	展示不清晰，讲解不流利	对设计和制作过程展示较完整，讲解较清晰	对设计和制作过程讲解清晰、思路清晰

（2）"以文化人、以文育人"，文化是一束光，照亮每一个孩子的成长之路。"自由、舒适"的氛围，"有趣、有味"的课程，将扎染课程的成果作为

创设校园文化的资源，为学生的学习生活营造更温暖、更幸福、更和谐的环境。

第六阶段：创意作品——感恩

（1）设计创意作品，作为礼物与家人分享。

（2）扎染秀展示自己

同学们穿上自己设计的沾染服装，介绍服装设计的灵感，与图案介绍，提升了自己的表达力与创造力。

（九）总结与反思

本次课程中，学生从真实情景出发，在解决问题的过程中不断学习解决问题的方法，将学习与生活紧密地联系在一起，课程设计跨学科融合。在不同学科的老师的共同努力下，学生们得到综合的发展。孩子们了解了扎染知识，学到了关于扎染的新经验，认识到了中国传统民间艺术。孩子们在自主操作中感知扎染带来的趣味、快乐的同时，也感受到来自扎染中随机变化的朴素美。从而产生对艺术的不断追寻，体验不同方式创作出的多元作品。希望"扎染"课程能让孩子们找到其中的乐趣，在孩子们的心中播撒下一颗"美"的种子，在未来的日子里继续寻找"扎染"的美。

反思：

1. 在本次课程中，通过让学生亲手扎制，体会扎制方法，对扎染有进一步的了解，激发了学生的自主能动性，培养了学生善于思考，勇于尝试的勇气以及对扎染艺术的热爱。

2. 在课程中，学生通过动手制作扎染作品，体验了我国悠久的扎染艺术的魅力，并在师生、生生互动中归纳总结经验，简化了制作环节，使制作变得简单，学生对于课程的参与度很高。

案例九：帐篷里阅读

（一）课程背景与目标

一个爱书的民族才是优秀的民族，一个有书的学校才是真正的学校，一个读书的孩子才是有前途的孩子。最是书香能醉人。让阅读像呼吸一样自然，让我们沉醉在浓浓书香之中，让书香飘溢在我们的校园，让书香伴随着我们的人生。一切过往历史的灵魂都在书中，一切时空美好的相遇贵在阅读。捧起一本书，阅读春天，读遍"世界"；游历一段文字，浸入情境，与情共鸣。让我们在阅读中开启烂漫的童年，给童年的春天一份最珍贵的生命礼物。

自 2014 年起，"全民阅读"已连续 9 年写入政府工作报告；亦庄一小每学年开学典礼都会启动全员阅读活动，自 2018 年起，我们的"帐篷里阅读春天"活动启动。学校开展了形式多样的活动，赠送图书、阅读漂流、指导阅读等让家校共读常态化，"阅读有光""帐篷里阅读"等项目课程让阅读陪伴成长。

1. 扩大知识面，增长见识，培养健康的人格。

2. 用阅读引领成长，让师生亲近书籍，与好书为友，与智慧同行，开阔视野，陶冶情操，提高文学修养。

3. 阅读的日子是丰盈精神的日子。用流转的文字感知世界，让身体和灵魂安静下来。

4. 专注阅读习惯的养成，聚焦阅读素养的形成，树立终身阅读的意识，让阅读成为孩子的生活方式。

5. 教会学生阅读的方法，落实新课程标准，促进学校的阅读教学，提升学校的文化品位，建设书香校园。

（二）课程核心素养

小学阅读主题活动的有序开展，是提升学生学科核心素养的重要内容。小学生思维意识活跃且好奇心强，教材中收录的课文很难满足学生的求知欲望。因此通过设计阅读主题课程，来鼓励学生多阅读课外书籍，使学生在扎实掌握基础知识的同时，通过阅读量的提升不断对自身的行为意识以及价值观念进行完善，进而达到提升自身语文核心素养的最终目的。

（三）单元主题课程设计

语文是综合性、实践性很强的学科，在新课标的要求中，培养听说读写综合能力更为重要，培养在特定情境中完成特定任务、解决特定问题也尤为重要。为此，新编教材在重视语文综合性学习活动的基础上，阅读主题以任务为轴心（设计单元任务单），以阅读为抓手，整合阅读、写作、口语交际，以及资料收集、活动策划、实地考察等项目，形成一个综合实践系统，读写互动，听说融合，由课内到课外，培养学生的语文综合运用能力。从学习方式上说，构建以任务驱动为重要形态的自主探究交流活动，真正实现自主学习、合作学习、探究性学习的学习方式的转变。

（四）面向学科

语文、数学、英语、道法、科学、美术

（五）面向年级

一至六年级

（六）思维导图

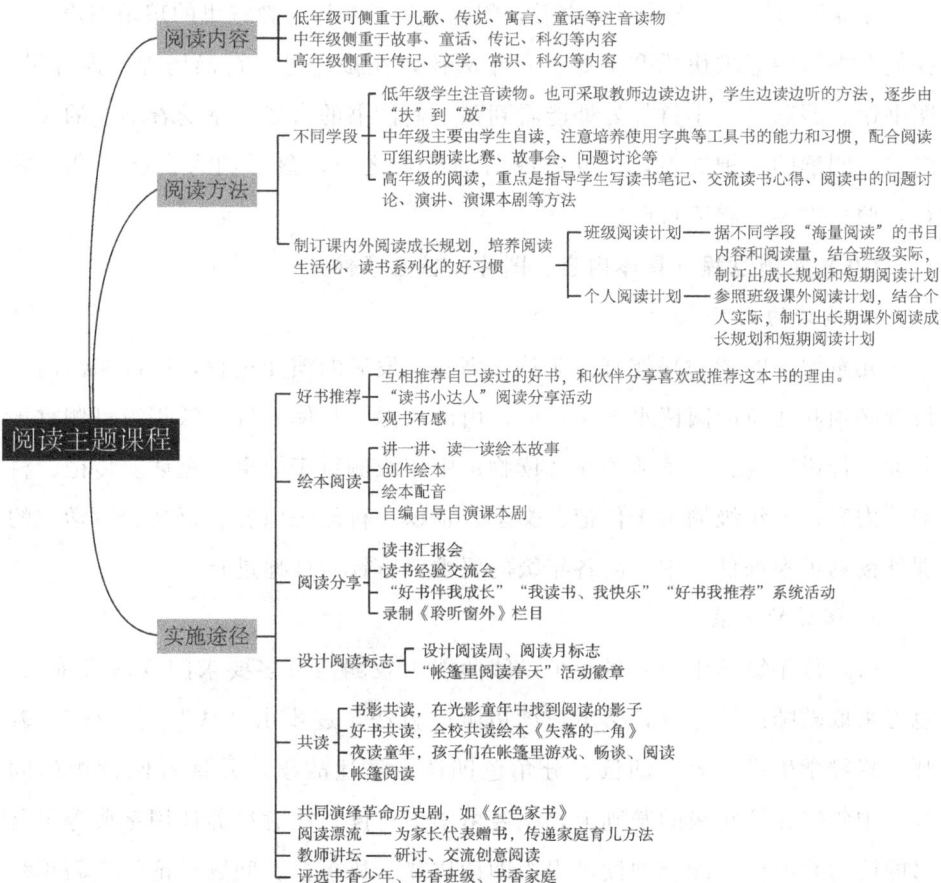

阅读主题课程

- 阅读内容
  - 低年级可侧重于儿歌、传说、寓言、童话等注音读物
  - 中年级侧重于故事、童话、传记、科幻等内容
  - 高年级侧重于传记、文学、常识、科幻等内容

- 阅读方法
  - 不同学段
    - 低年级学生注音读物。也可采取教师边读边讲，学生边读边听的方法，逐步由"扶"到"放"
    - 中年级主要由学生自读，注意培养使用字典等工具书的能力和习惯，配合阅读可组织朗读比赛、故事会、问题讨论等
    - 高年级的阅读，重点是指导学生写读书笔记、交流读书心得、阅读中的问题讨论、演讲、演课本剧等方法
  - 制订课内外阅读成长规划，培养阅读生活化、读书系列化的好习惯
    - 班级阅读计划——据不同学段"海量阅读"的书目内容和阅读量，结合班级实际，制订出成长规划和短期阅读计划
    - 个人阅读计划——参照班级课外阅读计划，结合个人实际，制订出长期课外阅读成长规划和短期阅读计划

- 实施途径
  - 好书推荐
    - 互相推荐自己读过的好书，和伙伴分享喜欢或推荐这本书的理由。
    - "读书小达人"阅读分享活动
    - 观书有感
  - 绘本阅读
    - 讲一讲、读一读绘本故事
    - 创作绘本
    - 绘本配音
    - 自编自导自演课本剧
  - 阅读分享
    - 读书汇报会
    - 读书经验交流会
    - "好书伴我成长""我读书、我快乐""好书我推荐"系列活动
    - 录制《聆听窗外》栏目
  - 设计阅读标志
    - 设计阅读周、阅读月标志
    - "帐篷里阅读春天"活动徽章
  - 共读
    - 书影共读，在光影童年中找到阅读的影子
    - 好书共读，全校共读绘本《失落的一角》
    - 夜读童年，孩子们在帐篷里游戏、畅谈、阅读
    - 帐篷阅读
  - 共同演绎革命历史剧，如《红色家书》
  - 阅读漂流——为家长代表赠书，传递家庭育儿方法
  - 教师讲坛——研讨、交流创意阅读
  - 评选书香少年、书香班级、书香家庭

（七）课程任务

从 2018 年 9 月开始，学校在师生阅读、生生阅读的基础上进一步推进家校阅读。亦庄一小的孩子们走进帐篷，手捧图书，认真阅读，与自然相融，与天地相拥，仔细品味着字里行间带来的感动。

孩子们用看绘本、讲绘本、听绘本、创绘本的形式，不断创新着他们的表达方式，在表达中的他们犹如一粒种子，破土而出，茁壮成长。家长们在阅读中与孩子一起汲取着快乐和力量。通过开展好书推荐、童话人物、阅读分享、好书共读、故事宣讲、标志征集、书影共读、夜读童年、帐篷阅读、跳蚤书市等活动，让一小之子在校园里找到一个舒适的地方，在阳光里安安静静地与文字相知，安顿过往浮躁的心灵，慢慢享受来自文字的滋养，来自阅读的浪漫。

帐篷里的春天，连廊里的书香，阅览室里的身影，教室里的琅琅书声……我们在书海中寻求快乐和美好。童年阅读，在帐篷里、在操场上、连廊里、图书馆、蘑菇亭、小竹林处处能看到孩子们读书的身影。享受着书本的文字之美，阅读的精神之美，在或黄或白的纸页之中，孩子们为自己点亮一盏灯，照亮世界，看清自己。

（八）实施过程（具体内容、图片、核心事件）

1. 阅读的内容

儿童课外阅读的兴趣有个萌芽、高涨、发展的演变过程，所以阅读内容设置必须和儿童的阅读水平相适应，由浅入深。具体来说，低年级可侧重于儿歌、传说、寓言、童话等注音读物；中年级侧重于故事、童话、传记、科幻等内容；高年级侧重于传记、文学、常识、科幻等内容。语文、数学类的课外读物可根据低、中、高各年级的要求，有针对性地进行。

2. 阅读的方法

（1）低年级学生识字量较少，阅读能力较弱，可多要求阅读注音读物。也可采取教师边读边讲，学生边读边听的方法，逐步由"扶"到"放"。教师可指导学生进行表情朗读、分角色朗读、复述故事，并回答阅读中的问题。中年级在低年级的基础上，主要由学生自读，注意培养使用字典等工具书的能力和习惯，配合阅读可组织朗读比赛、故事会、问题讨论等。高年级的阅读，重点是指导学生写读书笔记、交流读书心得、阅读中的问题讨论、演讲、演课本剧等。

（2）制订课内外阅读成长规划，培养阅读生活化、读书系列化的好习惯。

①班级阅读计划。由各班课外阅读辅导小组成员（学生）在班主任和语文教师的指导下，根据不同学段"海量阅读"的书目内容和阅读量，结合班级实际，制订出本班长期课外阅读成长规划和短期阅读计划，并由辅导小组配合班主任和语文教师负责监督全班学生落实阅读计划。

②个人阅读计划。学生在老师和家长的参与指导下，根据"海量阅读"的书目内容和阅读量，参照班级课外阅读计划，结合个人实际，制订出长期课外阅读成长规划和短期阅读计划，用计划来指导和鞭策自己将"海量阅读"化为实际行动，并能有序地、持之以恒地坚持下去。阅读计划要有读书的内容、目标、措施、时间安排等。

3. 实施途径

（1）好书推荐

互相推荐自己读过的好书，和伙伴分享喜欢或推荐这本书的理由。

阅读解码，花样表达。一段段文字，一个个故事，孩子们用属于自己的方式解锁作者的语言密码时，读书就变得丰满起来，快乐起来。

亦庄一小六年级学生周楚尧给大家分享《数理化通俗演绎》。她通过生动的图片，向我们展示了文本知识由抽象逻辑思维向形象思维过渡的历程。

"读书小达人"绘本阅读分享活动中，绘本迷们相聚在大厅宣讲台前，60余位学生分享了60余本绘本以及他们的阅读经验。孩子们体验着与伙伴分享的乐趣，也获得着精神的充实。站在宣讲台上，手握话筒，用绘声绘色的语言描绘出一个个新奇的故事，勇敢、阳光、自信的他们就是真正的小演说家。

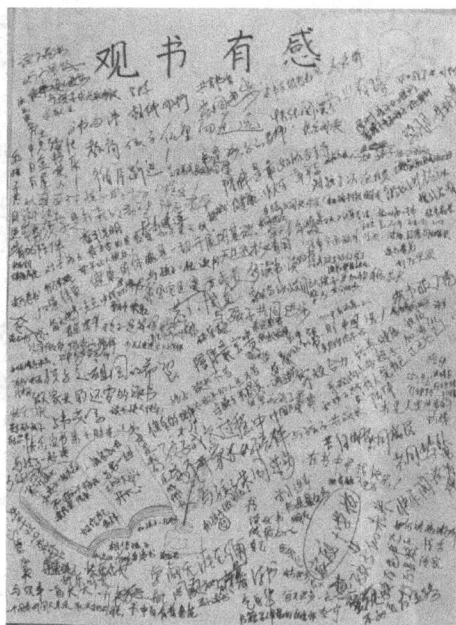

（2）童话人物

精美的插图、简短的文字、原创的绘本插画带着孩子们走进了另一个奇妙世界。欣赏这一幅幅精美的原创绘本画，聆听这一场场精彩的分享，孩子们展开天马行空的想象，将他们的奇思妙想，用多彩的画笔呈现着，用流畅的文字表达着。一本本原创绘本作品应运而生。

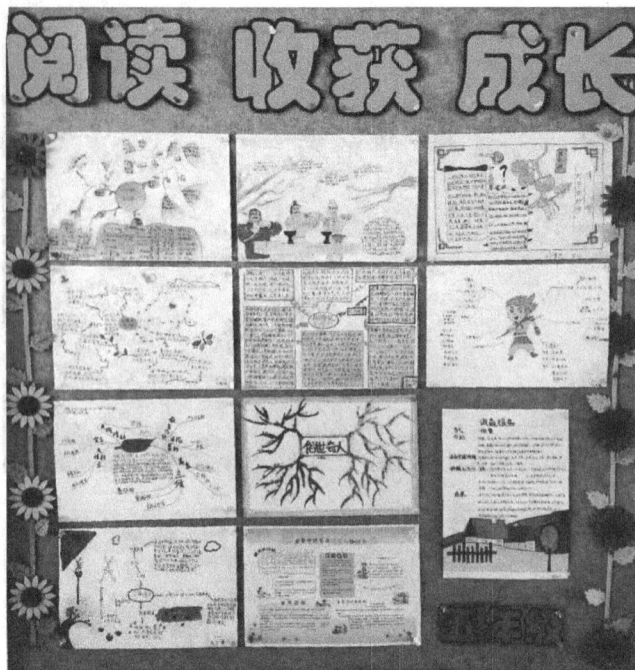

一起演绎，阅读精彩。亲子共享读书的乐趣，创编童话剧，为孩子埋下"爱书"的种子。

推广阅读，提升表达。亦庄一小的孩子们自编自导自演的课本剧《森林爷爷》，让书本"活"了起来。

（3）阅读分享

可说，可画，可演，可写……用多样的方式进行读书分享。召开读书汇报会和读书经验交流会。以"好书伴我成长""我读书、我快乐""好书我推荐"等小板块，向同学们介绍自己看过的新书、好书，交流自己在读书活动中的心得体会，在班级中形成良好的读书氛围。（年段：一至六年级，负责

人：班主任和语文教师）

学在窗外，书在平时。疫情期间，老师们专门录制《聆听窗外》栏目，为孩子读书，让孩子在聆听中学到课堂以外的知识，了解历史故事、天下新闻、抗疫作品、科普知识等。

阅读故事，滋润童年。北京广播电视台著名节目主持人、高级编辑小雨姐姐和孩子们分享如何讲故事。

在"阅读有光"校园阅读活动中，我们邀请著名儿童文学作家金波爷爷现场连线，为孩子们送上祝福。

　　阅读春天的亲子活动现场中，我们邀请到李峥嵘老师，为全校师生和家长带来"经典阅读与儿童成长"专题讲座。

　　腹有诗书气自华，我校六（1）班黄睿哲同学给大家带来了《三国演义》的精彩阅读分享。他不仅介绍了书中精彩的片段和章节，还把阅读过程中的方法和心得——与同学们交流。自信表达、落落大方，彰显了一小之子的气象。

　　捧起一本书，和孩子一起阅读。四年级吕昀熹家长给大家带来《卡尔·威特的教育》读书分享。她介绍了陪伴孩子阅读的经历，向我们讲述了助力孩子成长的故事。每一个孩子都是天才，即使是一个普通的孩子，只要教育的方法得当，也会成为一个不平凡的人。

（4）好书共读

全校共读绘本《失落的一角》。

（5）标志征集

征集亦庄一小"帐篷里阅读春天"活动徽章，从孩子们的设计中选出亦庄一小阅读周标志。

（6）书影共读

结合我校电影课程阅读相关原著，在光影童年中找到阅读的影子。

《查理和巧克力工厂》《追风筝的人》《圆梦巨人》……在光影童年中找到阅读的影子。读一本书，正如走进一部影视剧，随着人物的变化、情节的发展，一幕幕、一帧帧，生动有趣、牵动人心。

（7）夜读童年

组织学生夜宿学校。孩子们在帐篷里游戏、畅谈、阅读。

（8）帐篷阅读

从 2018 年 9 月 1 日，我们开启了属于亦庄一小的阅读之旅。帐篷里的春天，连廊里的书香，紫藤艺苑下的书影，孩子们三五结伴，钻进帐篷，操场上、连廊里、图书馆、蘑菇亭、小竹林……处处可阅读。陪伴阅读，一路同行。

（9）跳蚤书市

交换、捐献闲置书籍，让闲置的图书找到新的主人。

（10）红色家书

亦庄一小的孩子和家长共同演绎的革命历史剧《红色家书》，讲述了中国共产党人的光辉奋斗历程。作为新时代的少年，我们也要勇敢握紧发展的接力棒，做执着的追梦人，做勤奋的践行者，做卓越的代言人。

（11）亲子阅读

用暖心、感人的亲子游戏，为家长和孩子提供互动的机会和平台，深情注视爸爸妈妈的眼睛，主动牵起他们的手，向他们撒撒娇，给他们一个大大的拥抱和他们合一张影……亲子体验让我们进一步读懂对方。

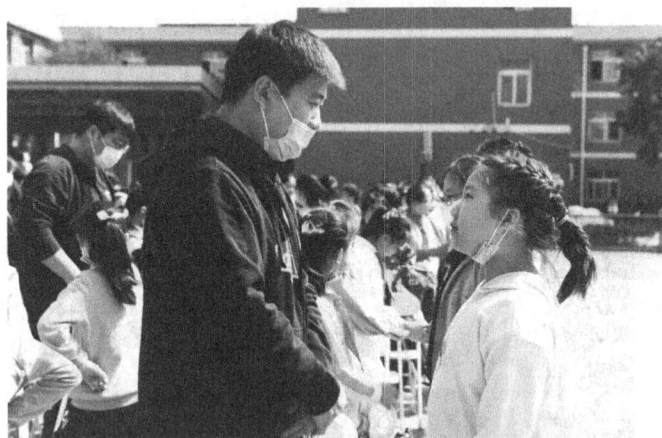

（12）阅读漂流

我校为家长代表赠书，传递家庭育儿方法，形成家校共育合力。学校四至六年级的每一位家长都在活动后领取到共读书，并在今后不断传递下去。

（13）教师讲坛

为了让创意阅读不断丰盈孩子的精神，一年级的老师们与绘本课程组的成员们聚在一起，集思广益，群策群力，一起研讨、交流创意阅读。从策划到具体步骤，再到实施策略，老师们细致入微地探讨着阅读中会出现的各种情况。

（14）评选"书香少年""书香班级""书香家庭"

参加人员：全校学生、家长。亦庄一小以书为媒介，以读为纽带，推广阅读、传递书香、启迪智慧，让每一个一小少年爱上阅读。帐篷里阅读、阅读春天、阅读有光、阅读自然……我们组织和实施了以"阅读"为主题的一系列课程。在北京经济技术开发区工委宣传文化部组织的 2020 年"书香亦城"系列活动评比中，我校 1 名教师荣获"亦城书香领读人"称号，9 名学生荣获"书香少年"称号。

在亦庄一小，像这样热爱阅读的孩子还有很多。生生共读、师生共读、家校共读，共读一本书、共读一个人、共读大自然。亦庄一小不断推广"阅读＋"，拓宽阅读时空，让读书的气氛蔓延开来，诗歌朗诵、创编绘本、撰写故事、话剧演出……在静静阅读中与心灵对话，让精神丰盈，一路风光旖旎、花开烂漫！

4. 阅读的评价

阅读的评价主要是对学生阅读和教师的指导进行有效的督促，使课外阅读活动健康有序进行。建立趣味评价机制，开展系列趣味活动，保持学生阅读的积极性。

（1）在班级中张贴"阅读进度表"

每月完成阅读任务的学生奖励一颗星，并根据读书笔记等由老师和读书辅导小组成员检查记录，以小组为单位，展示在柱状评价图上，每月一张评价表，全班成员阅读情况一目了然。有比较，才有动力。

①制作"班级阅读情况统计一览表"，对学生的课外阅读的书籍数量，每月进行一次小统计，期中进行阶段统计，期末进行学期统计。

②采用不同形式公布阅读结果，每月在全班公布每个学生阅读的书籍的数量，期中、期末利用"班级课外阅读情况统计一览表"向全校和每个家庭公布每个学生的阅读数量。

③评选和表彰先进个人。根据学期读书数量和平时的读书表现，班上评选出"课外阅读标兵""课外阅读进步之星""课外阅读优秀辅导员（学生）"，年级评选出"课外阅读优秀指导员（教师）"，通过不同形式进行宣传展示，并给予表彰奖励。

④评选和表彰先进集体。班上评选出"课外阅读先进小组"，年级评选出"课外阅读先进班级"，学部评选出"课外阅读先进年级"，总校评选出"课外阅读先进学部"，分别给予表彰和奖励。

（2）评选优秀读书笔记

在读书笔记、阅读记录本展评活动中，评选出一、二、三等奖若干名，奖励一、二、三颗星不等。

（3）进行"阅读之星"评选

选出前 10 名进行奖励，奖励方式不拘一格，如：奖励去图书馆借书的机会；举办读书经验交流会、故事会、作品展示会；发放小奖状、奖章；在班级网站上发喜报、照片……

（4）活动评价表

评价量规表

分值	1	2	3
程度	可以积极参与到阅读的活动中	可以熟悉阐述阅读书中的内容	能和同学、家人分享表达参加活动的情况

（九）总结与反思

在亦庄一小，每天都是读书日，读书是我们的一种习惯、一种生活方式。让我们在读书中找到最优雅的成长方式，找到最本真的自己。让我们与每一个热爱读书、渴望知识的灵魂并肩同行，一同感受思想的广阔与温情，见证生命成长的力量。

在教育里，有一件事我们始终坚持，那就是阅读；在成长里，有一种热爱我们始终在爱，那也是阅读。阅读丰盈我们的精神，滋养我们的生命，她如阳光、雨露让我们的童年生活如此生动、有趣、浪漫且诗意浓浓。

附：亦庄一小学生阅读必读推荐书目

一、二年级必读

1.《猜猜我有多爱你》（绘本）

2.《逃家小兔》

3.《我爱我爸爸》

4.《红鞋子》

5.《爷爷一定有办法》

6.《安徒生童话选》（拼音读物或绘本）

7.《格林童话选》

三、四年级必读

1.《活了一百万次的猫》（绘本）

2.《森林畅游》或《月亮不见了》

3.《夏洛的网》

4.《时代广场的蟋蟀》

5.《长袜子皮皮》

6.《爱的教育》

7.《犟龟》

五、六年级必读

1.《失落的一角》

2.《草房子》

3.《小王子》

4.《哈里·波特》系列

5.《秘密花园》

案例十：游走中轴线

（一）课程背景与目标

1. 课程背景

2014 年，教育部第一次提出了研学旅行的定义，倡导学生集体参加有组织、有计划、有目的的校外参观体验实践活动；2016 年，教育部等 11 部门印发《关于推进中小学生研学旅行的意见》，提出中小学生研学旅行是综合实践育人的有效途径；2017 年教育部在《中小学德育工作指南》中也提出：把研学旅行与学校课程、德育体验、实践锻炼有机融合，利用好研学实践基地，有针对性地开展自然类、体验类等多种类型的研学旅行活动，增强学生的社会责任感、创新精神和实践能力。

在政策指导下，结合学校特色、课程计划和学生发展需求，我校二年级学生开展以"品北京文化，赏古都风采"为主题的课程活动。本次活动是以游览中轴线上的主要景点，如天安门、景山公园、中山公园、天坛、北海、古观象台、钟鼓楼等为主要内容。这其中穿插了学生走一走、看一看、说一说、做一做等活动，从而对北京的名胜古迹有一定的了解和认识，引发学生乐于参与实践活动的兴趣，让学生愿意走进北京、了解北京和介绍北京。

2. 课程目标

（1）引导学生通过游走北京中轴线，探寻建筑特色、历史故事、城市发展趋势，弘扬和传播中华优秀传统文化，增强文化自信。

（2）通过对北京名胜古迹的了解和认识，培养学生尊重文化多样性，提高审美能力。

（3）在活动过程中培养学生自我管理能力、合作意识、沟通意识和表达能力。

（4）理解和掌握人文思想中所蕴含的认识方法和实践方法，最终实现立德树人的教育目标。

（二）课程核心素养

以"品北京文化，赏古都风采"为主题的"游走中轴线"课程注重学生的核心素养，以科学探究的方式进行课程研究，旨在培养学生质疑探究、合作交流、分享创新的学习能力。同时，通过丰富多彩的课程活动，力求培养学生的"社会主义核心价值观"，并发展学生的"核心素养"。

（三）单元主题课程设计

核心素养导向下的"大单元教学"设计，以"品北京文化，赏古都风采"为主题的课程以大主题为中心，课程组教师对"北京中轴线"的学习内容进行分析、整合、重组和开发，形成具有明确的主题、目标、任务、情境、活动、评价等要素的一个结构化的具有多种课型的统筹规划和科学设计。在语文学科中，老师带领学生阅读与北京中轴线有关的文本，细品其建筑之美。从"建立联系——认识中轴线""深度阅读——细品建筑之美""拓展延伸——我为'中轴线古建筑'代言"等教学活动，层层递进，带领学生感悟中轴线建筑之美。美术课上指导学生们将中轴线上的建筑用多种创意形式表现出来。数学课上老师带领孩子们在中轴线的起点——永定门上寻找图形之"轴"，探寻图形对称之美。劳动课上教师带领学生制作位于中轴线上的各种建筑。英语课上，学生们摇身一变成为了新时代的小导游，介绍北京中轴线的景点。

（四）面向学科

语文、数学、美术、劳动与技术、英语

（五）面向年级

二年级

（六）思维导图

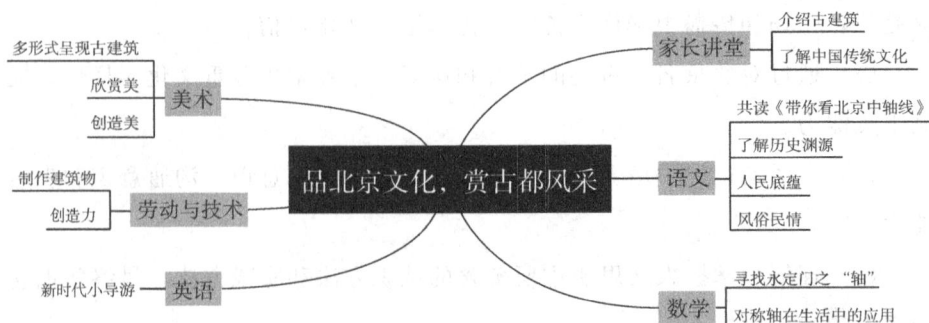

（七）课程任务

1. 游走中轴线课程活动安排

确定研究方向—制定研究目标—确定游走路线—各学科分工合作—成果展示—总结反思。

2. 课程任务

（1）家长讲堂"最美中轴线"，通过家长的细心讲解，学生们了解到中轴线上都有哪些古建筑，对于这些古建筑的历史也有了一定的了解。在讲座的最后，家长也鼓励大家走进博物馆，走进图书馆，去了解我们中国的传统文化，传承我们的传统文化，甚至长大后能够将我们的传统文化发扬光大。

（2）语文课"带你看北京中轴线"，通过师生共读《带你看北京中轴线》这本书，带孩子从北京中轴线建筑感受中国博大精深的建筑成就、历史渊源、人文底蕴、风俗民情，了解中轴线布局的伟大创举。

（3）数学课"不一样的对称轴"，数学课上老师带领孩子们学习对称轴，在中轴线的起点——永定门上寻找图形之"轴"，探寻图形对称之美。

（4）美术课"我眼中的中轴线"，通过自己的理解和老师的讲解，学生们将中轴线上的建筑用多种创意形式表现出来。发挥学生的创造力，提高审美能力。

（5）劳动与技术"制作建筑物"，用手边的工具制作中轴线上的建筑物，发挥创造力，培养学生的动手能力。

（6）英语课"新时代小导游"，争做新时代小导游，用英文简单讲解中轴线上的相关知识，提高英语口语能力。

（八）实施过程

第一阶段：确定研究目标

（1）针对游走中轴线课程集思广益可以开展的活动，分类整理内容，确定研究方向。

（2）依据研究方向，制定研究目标。

（3）明确研究路径，各学科针对目标明确课程任务。

第二阶段：确定游走路线

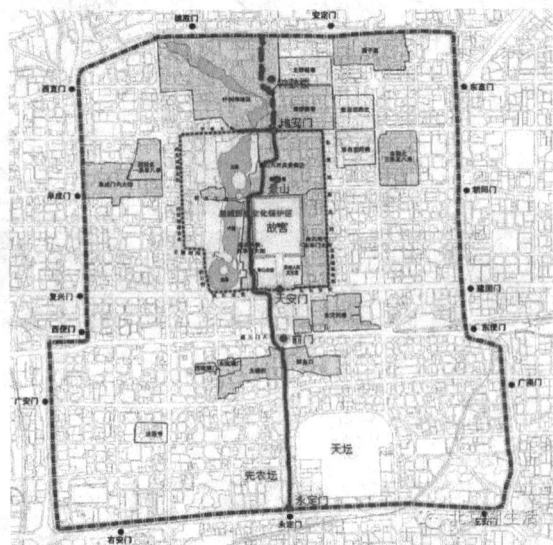

第三阶段：各学科分工合作探究课程

各学科分工合作，以数学课——城之轴的"秩序之美"、语文课——民之轴的"文化之美"、美术课——心之轴的"记忆镌刻"等内容进行多学科融合的课程探索，在实践中让"学"更加生动。

1. 数学课——城之轴的"秩序之美"

北京独有的壮美秩序就是由中轴的建立而产生，这就是数学的轴对称之美。老师在课堂上指导学生在中轴线的起点——永定门上寻找图形之"轴"，探寻图形对称之美，同学们都兴致高昂。

2. 语文课——民之轴的"文化之美"

"御"代指皇帝、皇权的象征;"民以食为天","社""稷"则是万民所望。通过对这几个词语的解读,以及与学生们共读《带你看北京中轴线》这本书,学生们理解了文字因文化而厚重,更加理解了中轴线以及它所统领的建筑,是民族文化中不断被传承的精华。

3. 美术课——心之轴的"记忆镌刻"

永定门是中轴线的起点,更是孩子们一切探寻的开始,在老师的引领下,孩子们用自己的画笔描绘了中轴线的古建筑,把关于中轴线的点滴记忆洒落在纸上,更镌刻在心中,成为永不磨灭的记忆。

中轴线,不是一个定义、一个地点,它是孩子们感受过的城之轴线,它是孩子们体验过的民之轴线,它是镌刻在孩子们心头的心之轴线。孩子们带着这样深刻的记忆,终将会成为古都的守护者和文化的传承人。

(九) 总结与反思

1. 课程效果与评价

通过这次举行的"游走北京中轴线"活动实现了多学科融合,在本次活动中,学生真正了解了北京中轴线上古建筑的特色和历史故事,增强文化自信。同时在活动过程中也增强了学生的合作意识、沟通意识。活动的开展让学生不仅获得了知识,更提升了对传统民族文化的认同感。

2. 课程反思

通过游走中轴线活动,我们感受到了主题实践探究带来的快乐和幸福,当每个孩子认真对待每一项任务时，当他们热烈讨论时，我们的心一次次被深深地感动了，尊重差异，让每个孩子闪光。社会实践让我们体会了成功的快乐和幸福！让每位老师体会着"映日荷花别样红"带给我们的思考、实践与创新之乐！这是我们的真实体会，也是孩子们内心的声音，也许还很稚嫩，但是我们已经勇敢地迈出了第一步。

现在，"逛北京品文化"已悄然无息地成为一种渗入孩子内心世界的意识和情结，用记忆铭刻历史、用责任传承文化，载着这份赤诚与期盼，我们将继续在时代的改变与坚持中昂然前行！

以爱育爱 以行导行

愿你永远保持对世界的好奇，做一个全面的探究者；终其一生，相信世界的美好，做一个善良的人。

——校长寄语